わが街・総社の不都合な真実

問題だらけの新市庁舎建設

友杉富治

文芸社

はじめに

　わが故郷・岡山県総社市は今、市民の寛容さにつけ込んで、悪く言えば、その無関心をいいことに"不都合な真実"がまかり通っています。
　本書は、市当局や市長、市議会議員の市政に対する取り組みや姿勢を明らかにして、その真実を市民の皆様や関係各所に問い質すものです。
　本題は、現在建設中の新市庁舎（令和6年度末に完成予定）に関することです。近隣住民の立場から「新市庁舎屋上展望台の計画の見直し・中止」を訴えていく中で、多くの不都合な真実が見えてきました。こんなことでいいのかと憤りを覚えつつ、広く周知していきたい思いで書き上げています。
　本市の取り組みの中で、約50年前に総社市都市計画道路で最初に手がけた「元町筋」が、いかにデタラメなものかということを前段で取り上げます。そして50年後の今日でも、行政の取り組みや姿勢は何ら変わるところのない、旧態依然とした中で進められている新市庁舎建設につなげていきます。
　これを機に総社市民の皆様お一人お一人が市政に関心をお持ちいただき、寛容さを持つ一方で、市当局や市長、市議会議員に物申す市民であってほしいと願っています。私たちの総社が壊されていくのを見るのは堪え難い思いがあります。本書をご一読いただき、忌憚のないご意見をお聞かせいただければと思います。そして、多くのご意見が集約できましたら、次のステップも見えてくるのではないかと思っています。
　なお、文中の出生率等の数字は、めまぐるしく変化し低下の一途をたどっており、直近のデータを確認しながらお読みいただければ幸いです。

友杉富治

目　次

はじめに　3

序　章　7
第1章　新市庁舎建設の問題点を明らかにする前に ────── 13
第1節　元町筋の問題点　14
1　バリアだらけの元町筋〜問題その1〜　14
2　約束と異なる道路整備〜問題その2〜　17
3　利用者の声に傾聴しない姿勢〜問題その3〜　18
4　署名活動を始めて18年、やっと改修工事へ　21
5　改修中にわかったデタラメ工事と改修後の元町筋　25
6　おまけ「もんげえー　笑けて　ぼっけー　きょーてー（恐い）話」　30
第2節　誰も関心がないのか　壊れていく総社　33
1　総社で一番の財産　吉備路の自然環境保全地区　その景観　33
2　放置されているゴミ問題　36
3　子育て王国・総社って何？　39
4　桜谷の静かな墓地公園に国道バイパスを通過させる愚かさ　40
5　高梁川が天井川になろうとしているが大丈夫か　41
6　特定病院に補助金　怪しいお金の動き　42
7　一人の声を利用　都合良く対応する行政の悪どいやり口　46

第2章　新市庁舎建設に関わる問題点 ────── 53
第1節　新市庁舎建設の経過　54
1　合併特例債再延長の中のドサクサで新市庁舎建設を計画　54
2　新市庁舎建設の基本構想から竣工式まで　58
3　新市庁舎建設に関わる当局の姿勢　岡山市とどう違う？　61
4　展望台計画の見直しと中止の要望書を市長に提出　62

  5 令和5年2月定例議会　要望書に関連した市長の答弁　63
 第2節　新市庁舎建設で見られる数々の問題点　67
  1 展望台の計画についてどのような議論がなされたのか　67
  2 署名活動で発覚した事実　86
  3 不信感いっぱいの市民代表のワークショップ　96
  4 総社市環境基本計画、総社市環境保全条例はあってないものに　105
  5 膨らむ事業費と交付金のヒミツ　115
  6 「過ちて改めざる是を過ちという」変わらない市議会議員　124
  7 催促されて　新市庁舎建設工事の説明会を実施　127
  8 「市民に寄り添う」と言いながら──　140
  9 建設途中で発生した庇問題　近隣住民をダシにした設計変更　147
  10 4回目の陳情書　不採択から見る不都合な真実　180

第3章　合併特例債を使った事業は投資と言えるのか ───── 189
 第1節　総社市の手掛けた合併特例債の事業は　190
  1 新市庁舎建設事業費は100億円を突破　190
  2 膨らむ借金と右肩下がりの財政調整基金　203
  3 近未来の総社をどのように作ろうとしているのか　211
 第2節　全国屈指の福祉文化先駆都市と言うのなら　217
  1 次の子が産みたくなる　奇跡の「やまなみこども園」　217
  2 「福祉・文化」を具現してきた明石市長・泉房穂さん　222
  3 わが街・総社の出生率は　230

おわりに　241

付録　陳情書／市議会議員宛配布資料（一部）　243

序　章

わが総社の新市庁舎建設における不都合な真実。その発端は、私たちの住宅地には不適切かつ不要な展望台の計画が明らかになってからのことでした。
　以下は、おもに庁舎建設庁内検討会議ならびに検討委員会での協議のやり取りから抜粋したものです。これらに触れ、どんな感想をお持ちになるでしょうか。まともに、そして真摯に協議ができていると言えるでしょうか。

①総社市役所が12階建てなんかできたら、大変なリコール問題になりそうだね。
2018年（平成30）5月

②うちの市役所はキャッチコピーを作っても、そのとおりに動かないことが多々あるでしょ。
2018年（平成30）5月

③免震構造はお金が高くなるというのは抜きにしても、市庁舎は1.5（構造基準）でいいんかなあ。
※実際はなぜか免震構造体（2.0）にしています。
2018年（平成30）5月

④現庁舎解体の場合の仮庁舎の候補地としてNTTという話がありまして…。まだ回答がありません。電気、電話、LAN等の設備面から分散は難しいと考えます。

　（現庁舎を使いながら隣地に建てる案は）高くつきます。
2018年（平成30）12月

⑤（合併特例債の交付税措置額は、事業費の95％×70％でなく、財政力指数でさらに×0.4になることから）議員さんはわかってないと思いますよ、合併特例債が得かどうかというのは。ここだけの話にしておいて……
2018年（平成30）12月

⑥市民が集いやすいということでフリースペースとかは入っていますか。市民の交流の場が欲しいという話が若者塾で出ています。
※まだ、ワークショップも行われていないこの時期に一団体の声を取り上げています。

2018年（平成30）12月

⑦水没可能性地域は、最悪、民が死んでもいいから官は上に行きましょうとかという発想もあったりとかするんですよ。

2019年（平成31）2月

⑧「屋上にある火の見櫓は何？」
一つ言えばアクセントなんですけど。一つはほんとの火の見櫓のイメージはあると思うんですけど。展望室。エレベーターもそこまで上がるような予定にはしているので……

2020年（令和2）12月

①〜⑧に対する私のコメントは以下のとおりです。

① 茶化したような発言の中で、最終的には現庁舎を残したままで「高くつく」建設工事を選択しています。④の中で、現庁舎を解体して作る選択肢にも真剣に向き合っていたら「回答待ち」などあり得ません。自分たちの引っ越し作業がなくて済む打算的な選択をしたとしか思えません。その選択が近隣住民に多大な迷惑をかけることになっていくことは想像すらできていません。

②　新庁舎のコンセプトに4本の柱の説明を受け、キャッチコピー発言がなされています。市の体質の問題点を身内が明らかにしています。
　　コンセプトの「人に環境にやさしい庁舎」では環境負荷の少ない庁舎という観点から説明していますが、建物そのものが周辺住民にとって「人に環境にやさしくない庁舎」であることには、目をつむったままです。この点については議員も何の認識がないまま、無責任な議決をしています。

③　免震構造体（構造基準2.0）を採用すれば、それ自体で事業費が大きくなり、のちには必ずメンテナンス費用が発生してきます。また、市当局は1.5でいけると確認しておきながら、なぜわざわざ免震構造体にしたのでしょうか。コンセプトの「防災拠点」の言葉に酔いしれ、かつ「民より官」の発想でそこに至ったのでしょうか。

④　NTTは了承しているにもかかわらず、なぜか施工費が高くつく案（現庁舎を使いながら現敷地に建設）の選択をしています。現庁舎を解体して更地にすれば、現在建築中のように、東側も南側も窮屈で圧迫感があるものにはならなかったはずです。そもそもまちづくりのグランドデザインもなく、簡易の立体模型（都市模型）もなく、どんな町並みにするのが住みよい町になるのかを想像さえできていません。引っ越しを一度で済ませようと自分たちの都合で「高くつく」案を選択したのではないかと疑ってしまいます。

⑤　総社市への国からの交付金は、事業費の95％×70％×0.4（財政力指数）となり、極端に少なくなっています。広報紙でもホームページでも触れていないもので、N部長の「ここだけの話にする」（交付金の実際の金額）発言は、議員だけでなく市民をも欺いていることになります。

⑥　市民の声を聞くとして、各種団体から選ばれた23名の中には「若者塾」のメンバーも入っています。しかし、ここでの若者塾の声は2年以上前のもので、総務政策部長が一団体の声をここで取り上げるのは、不公平です。私たちが中止を求めている展望台についても、グループワークで若者塾から声が出ています。若者塾の代表者が市長であれば、ナーナーもいいところです。こんなことが許されていいのでしょうか。

⑦　⑥のフリースペースは現在多目的ホールとして作られようとしています。災害時には、避難場所としても考えています。O課長は「1000年に一度の20m程度の浸水対策は云々」などと、あまりにも誇張した答弁をしています。1階のホールが避難場所で本当に大丈夫でしょうか。副市長の言葉を借りれば、民は下でよいのでしょう。

⑧　「屋上にある火の見櫓は何」と問われて「アクセントであり、火の見櫓のイメージであり、展望室」とO課長は答えています。その後、新庁舎建設小委員会の議員からはこれを疑問視した指摘がなされています。しかし市当局は展望台ありき一辺倒の答弁です。展望台は住宅地の中で必要なのか、問題はないのか、火の見櫓は果たして機能するのかと、もっと議論を深めなくてはなりません。平成6年に新築移転した現消防署には、火の見櫓は不要として作っていません。消防長は何の疑問も抱かない様子です。それぞれに立場があるのでしょうが、皆が皆、考える力も見識も洞察力もないことを露わにしているように思えてなりません。

　本章では、庁舎建設庁内検討会議ならびに検討委員会の一端をお伝えしてきました。茶化したり調子に乗ったり、打算的であったり忖度の様子を見るにつけ、腹立たしく思うばかりです。彼らは地方自治法第2条

14項「地方公共団体は、その事務を処理するに当たっては、住民の福祉の増進に努めるとともに、最少の経費で最大の効果をあげるようにしなければならない」ことを、また、地方財政法4条「地方公共団体の経費は、その目的を達成するための必要且つ最少の限度をこえて、これを支出してはならない」ことを心得ているのでしょうか。上がこの調子であれば、下の職員の意識改革や行政改革はどの程度のものかと、心配の種が尽きません。

　こんな市政は、今に始まったことではありません。
　本書ではまず第1章で、これまでの市政のあり方や無関心では居られないわがまちの問題点に触れています。第2章は新市庁舎建設に関わる問題点を、第3章では、わがまち総社が向かうべき方向性について述べています。また国の存続に関わる喫緊の課題にも目を向けています。そして、大きな志を持つ人に期待を寄せるものであります。

　序章のあとは、どこから読んでいただいても構いません。
　第3章では前明石市長泉房穂さんの実績を取り上げて紹介しています。某月刊誌の令和6年7月号には「泉房穂と赤いネットワーク」という記事が掲載されています。泉さんへの評価はさまざまですが、その取り組みの中で出てきた明石市の合計特殊出生率1.65をどのように見ているのでしょうか。執筆したジャーナリストは、この点については何も触れていません。

　本書が、皆さんにとって市政のあり方を考え、行動を起こすきっかけとなっていくことを心から願っています。

第 1 章

新市庁舎建設の問題点を
明らかにする前に

本章では、約50年前に総社市都市計画道路で最初に手がけた「元町筋」から市政の不都合な真実を明らかにします。そして今進められている新市庁舎建設が抱える問題にも、何ら変わらない市政の実態が見えます。市政が私たち市民のためのものになっていくためにも、多くの市民の皆さんにも注視していただきたいです。

第1節　元町筋の問題点

1　バリアだらけの元町筋〜問題その1〜

　元町筋は昭和40年代後半に作られ、それから半世紀のちの令和5年から改修が始まっています。作られた当時は東西に延びる国道180号線と商店街筋が、南北は県道272号線（地図中①）と東総社駅前の道路（地図中②）がメインでした（下は現在の元町筋周辺の地図）。

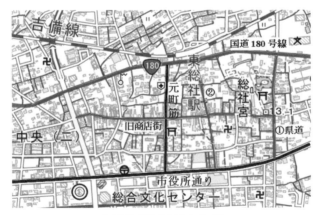

（国土地理院地図より作成）

（国土地理院空中写真より作成）

　昭和40年代に旧市庁舎を移動させた上での都市計画開発では、新たに市役所通りを東西に通しています。では南北はどうでしょう。県道272号線と東総社駅前の道路は狭く、住宅密集地でもあります。拡幅が困難と判断し、その２本よりは開発しやすい真ん中付近にもう１本通して、車の流れをよくしようと考えるのは自然の流れであったのかもしれません。また、車社会がこれから始まるという時代にあっては、道路幅が９mという判断も否定はしません。

　しかし私の実家の東半分は都市計画道路にかかってしまうため、立ち退きを迫られる事態になっています。実家の両親としては、残されたウナギの寝床のような場所に留まるか、立ち退くべきか、ずいぶんと悩んだことでしょう。

　そんなときです。某市議会議員から「早よう動け。非国民か。市の計画が進まんじゃろうが」などと罵られたのです。市民の代表として議員を務めているという意識はなく、市民を非国民呼ばわりするとは、言語道断です。結論は写真のようなウナギの寝床にしがみつくようにして家を新しくし、新たな生活を始めています。

　そのような経緯でできた元町筋は、次ページの写真２点のとおり、市役所通りの交差点から東総社駅方面の北に延びています。

市役所通りと元町筋との交差点

　市役所通りと南に延びる井手線の道路幅は12mですが、元町筋はなぜか幅9mです。
　左右の歩道幅は各1mしかなく、大人同士がすれ違うのは困難です。その歩道には段差があり、ベビーカーや手押し車を使う高齢者は通行不能です。しかも東側の歩道は真ん中に電柱を設置しており、役に立っていません。
　そして車を持つ家庭が増えてくると、段差解消のためのスロープを設置するようになり、これ自体がバリアとなってしまいます。歩道を自転車で走行する若者も多く、車道に下りたり歩道に上がったりする際に、この段差やスロープで転倒している様子もたびたび目撃しています。

　視覚が不自由な方が白杖を使いながら、バリアだらけのこの道路を利用している様子も見ています。シニアカーを利用する高齢者も車道を通らなければなりません。シニアカーは道路交通法では歩行者扱いですが、こんな歩道は利用すら困難です。よくもこんな道路を作ったものだと呆れてしまいます。
　私の実家に退去をせかしてこの道路を作らせた市議会議員は商店街の店主でした。自分の商売にはずいぶんと都合のよい道路となり、商売繁盛につながったことでしょう。

2　約束と異なる道路整備〜問題その2〜

　平成15年、国土交通省と警察庁は交通事故抑止対策を集中的に実施するため、「あんしん歩行エリア形成事業」をスタートさせました。全国におおむね1000箇所の「あんしん歩行エリア」を設け、平成15年度以降の5年間で安全施設等を整備しようとするものです。
　その整備の背景は以下のとおりです。

○交通事故死者数のうち歩行者・自転車利用者の割合が約4割を占め、欧米と比べると高い割合となっている。
○歩行中の交通事故による死者の約6割は自宅から500m以内で事故に遭っている。
○その背景の1つとして、我が国の都市部における道路面積率が欧米と比べ低いことが考えられる。

　これを受けて総社市でも、市中心部から半径500mの範囲内で、事業の検討を始めました。そのタイミングで元町筋の問題解消を要望しました。しかし元町筋は500m圏内にあるもののその事業からは除外され、駅前から市役所までの市役所通りがこの事業に当てられました。

　都市計画課の担当者は「市役所から継続して東に改修をしていくので（次ページ写真右）、橋本金物店まで整備できたら北に向けて、元町筋の整備をやっていくようになるから待ってほしい」と発言しています。
　私はこれに合わせて署名を集め、地域を挙げて「元町筋改善の要望書」（平成18年11月）を市当局に提出しました。

事業で整備された市役所通り　　　東に延びていく道路改修

　ところが市当局は、橋本金物店まで来る手前で整備をやめてしまい、元町筋をとばして、その先の山陽マルナカ付近から整備を再開し、続いて吉備信用金庫きびの里支店付近まで進めています。橋本金物店まで整備できたら北方向（元町筋）に向けて整備するという発言とは異なることをやっています。

3　利用者の声に傾聴しない姿勢〜問題その3〜

　私が署名活動を始めて8年後の平成26年3月3日、市から「元町井手線交通安全事業役員会」というものを設置する提案がありました。
　元町・本町・稲荷町の3町内会長を呼び、A案・B案のどちらがよいか決めようというものです。

　この案の問題は、歩道が広くなっても片側だけという点です。きよね夢テラスから南に延びる道路もこれと同じ案で作られていますが、訪ねて歩いてみると住民からは不評の声を聞くことになります。市当局も「不評なんです」と、そのことを認めています。元町筋の利用者の調査もせず、右にならえで作ってしまうのはあまりにもいい加減なやり方です。

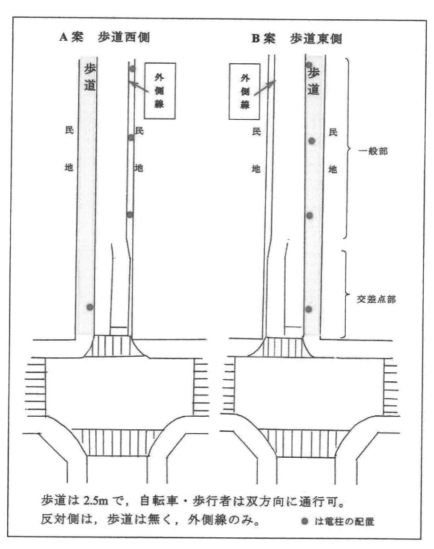

元町井手線交通安全事業役員会からの提案

住民の声（平成26年3月27日）

①歩道の反対側の家から出るとき、車が目の前を通り過ぎ、たびたび危険な目にあっている。

②路肩側の自転車や人の通行も普通に見られ、2.5mの歩道があっても、あまり意識して使っていない。

③「優先は歩行者、次に自転車で考えたほうがよい。車はどうにでもなるよ」。

④路肩側の家の自家用車の車庫入れの際には、自歩道の縁石が邪魔になり、入庫しづらいので撤去してもらっている。

⑤車を出すときは、見通しが大変悪くて、いつ事故が起きるか心配の種になっている（路肩側）。

⑥夜間は特に危ないので、家の角に反射ポールを付けてもらっている。

⑦市の説明不足により、農地の一部譲渡が進まないで、夢テラス線の自転車歩行者専用道が未完成のままになっているところが見られる。

　元町井手線交通安全事業役員会では、即決で「A案でよい」と発言した会長がいたと聞きました。自分の家のことを考えたら、歩道は自宅側にあったほうが安全だと思ったのかもしれません。しかし反対側の住宅の人、玄関を出たら目の前を車がビュンと行き過ぎるというのはどうでしょうか。

　他人のことに思いが至らないのは困ったことです。幸い、私の町内会長は自分では決められないとして、保留で持ち帰っています。

　住民のことなどはあまり関知せずにやってしまおうという市当局のやり方。これと同じようなことが、今まさに新市庁舎建設でも見られているのです。

4　署名活動を始めて18年、やっと改修工事へ

　私は幅が９ｍしかない現在の道路をどう改修すればよいのか、あんしん歩行エリア形成事業の趣旨を継承しながら私案を作ることにしました。その中で現在の道路構造令が足かせになっていることも判明します。

　総社市の道路整備は新たな「総社市道路構造の技術的基準等に関する条例」（平成25年３月25日制定）に基づいておこなわれます。これは下図のように国の方針が変更となり、平たく言えば、国は高速道路と一般国道をみるから、県道・市町村道はそれぞれの自治体でみるようにしてほしいというものです。ここで大事なことは、「道路構造令を参酌して条例により基準を定める」そして、「地方公共団体は、条例により定めた基準に基づいて道路整備を実施」と明記されています。

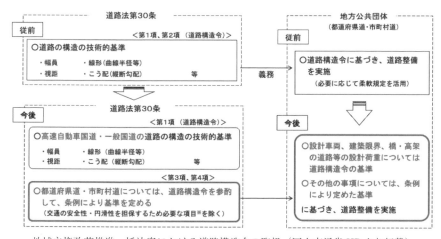

地域主権改革推進一括法案における道路構造令の取扱（国土交通省HPより転載）

以下の総社市道路構造の技術的基準等に関する条例は、果たして地域の実情を踏まえて作られたものか、疑わしい限りです。これでは、元町筋のような限られた幅員の道路では新たな取り組みはできないことになってしまいます。必ず条例の改正が必要となります。

　　（歩道）
　第11条　第4種（第4級を除く。）の道路（自転車歩行者道を設ける道路を除く。），歩行者の交通量が多い第3種（第5級を除く。）の道路（自転車歩行者道を設ける道路を除く。）又は自転車道を設ける第3種若しくは第4種第4級の道路には，その各側に歩道を設けるものとする。ただし，地形の状況その他の特別の理由によりやむを得ない場合においては，この限りでない。
　2　第3種又は第4種第4級の道路（自転車歩行者道を設ける道路及び前項に規定する道路を除く。）には，安全かつ円滑な交通を確保するため必要がある場合においては，歩道を設けるものとする。ただし，地形の状況その他の特別の理由によりやむを得ない場合においては，この限りでない。
　3　<u>歩道の幅員は，歩行者の交通量が多い道路にあっては3.5メートル以上，その他の道路にあっては2メートル以上とするものとする。</u>
　4　横断歩道橋等又は路上施設を設ける歩道の幅員については，前項に規定する幅員の値に横断歩道橋等を設ける場合にあっては3メートル，ベンチの上屋を設ける場合にあっては2メートル，並木を設ける場合にあっては1.5メートル，ベンチを設ける場合にあっては1メートル，その他の場合にあっては0.5メートルを加えて同項の規定を適用するものとする。ただし，第3種第5級又は第4種第4級の道路にあっては，地形の状況その他の特別の理由によりやむを得ない場合においては，この限りでない。

5　歩道の幅員は，当該道路の歩行者の交通の状況を考慮して定めるものとする。
　（歩行者の滞留の用に供する部分）

　道路構造令だけでなく「社会資本整備計画」に基づいて元町筋の改修事業を手がければ、国から補助金が出ることも確認できました。現在の元町筋の交通事情を考え、また、児童の通学路を遠回りにしている現状からも十分該当する事業です。

　市当局には「社会資本整備計画」での事業化を提案し、当時の産業建設委員長のOA議員にも後押しをお願いしていました。しかし7か月後にOA議員から届いた手紙には「土木課に任せている」「専門的なことは専門家に任せて…」などの文言があるだけでした。
　つまり、条例の改正はせず、国からの補助金も受けずに単独事業で元町筋を改修するというものでした。このやる気のなさをどう考えたらよいのでしょうか。
　岡山市ではすでに参酌基準にはないが新たな条例として「自転車レーンの設置基準」「歩道幅員を縮小することができる基準」等を制定しています。市当局にも元町筋の改修にあたっては基準の見直しが必要であることを伝えたのにもかかわらず、従来の条例のままで改修案が提示されています。令和2年11月28日の「元町井手線改良事業に関する地元代表者説明会」では、ほぼ私が提案した案となっています（次ページ参照）。これでは市の条例を無視してやることになるのですが。

　とにもかくにも令和5年6月12日から改修工事が始まります。私が署名活動を始めて、改修工事が完了となるまでに18年かかったことになります。

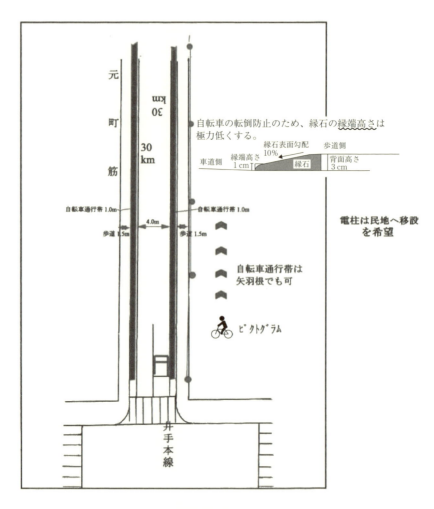

元町筋改善私案・具体図

5　改修中にわかったデタラメ工事と改修後の元町筋

　市当局は歩道のセミフラット案を提示して、令和5年6月から道路工事（歩道拡幅）を開始しました。工事は、50年前施工した古い排水溝の撤去と、幅1.5mの歩道を作るところから始めています。

　工事開始のずっと以前から私が気になっていたのは、実家のブロック塀が途中から裂けて傾き、庭の石積みと手前の歩道部分が地盤沈下していることでした（写真）。土木課に相談していましたが、原因は不明のままで、今度の元町筋の改修工事でわかることと言われ、待っていたところでした。
　排水溝を壊していきながら問題の場所にきて、なぜ地盤沈下をしていたのかがやっと判明しました。

南のブロック塀は傾き、石積みは中央が沈下

排水溝に届いていない土管を設置

　元の排水溝の下に降りて見ると家の樋から降りてきた雨水は、排水溝手前でダダ漏れ状態が判明。

　この50年の間に雨水が土を洗い、地盤沈下をさせていたのです。土木工事の杜撰さが原因でした。現場の作業員はほかのところも同じようになっていると言います。当時の完成検査官は何をしていたのでしょうか。

　市当局の第一声は「境界のコンクリートの下がっているところを平らにさせてください」でした。しかしそれでは土が流され、地盤沈下しているところはほったらかしということになります。
　まず、傾いたブロック塀と石積みを撤去し、地盤沈下しているところを修復して境界を復元したのちに、ブロック塀と石積みを元通りに直すのが責任の取り方なのですが、市当局はそんなことは言いません。
　そこで、ブロック塀と石積みは私持ちでなんとかするから、元町筋の改修工事で歩道も直すのであれば、基礎の部分をしっかり修復し、境界も新たにやり直すことで手打ちとしています。

傾いたブロック塀も沈み込んだ石積みも撤去　　　新たな排水管を設置

　さらに下の写真は、ブロック塀の南側にある駐車場です。歩道との境界や隣地との境界標（丸の地点）も確認できます。

歩道と民家の境界、隣地との境界標

　しかし、改修工事では次のようになってしまいました。

消えた境界、境界標

　先に改修を終えている市役所通りの道が高く、元町筋側の道が低いために、摺り合わせをしながらアスファルトで高さ調整をしたことが原因です。境界のコンクリートも隣地との境界標も消してしまう作業をして、これでヨシとしているのです。

　私としては、ここはもう譲れるところではなく、こんな施工は絶対許されないことと抗議し、市当局は渋々承諾です。
　境界コンクリートを隠しているアスファルトを取り除き、コンクリートの境界も作り直して歩道の高さまで上げてできたのが次ページの写真です。隣地との境界標も付け直すことができました。

境界を新たにコンクリートで作り、境界標も元のように直す

　ちなみに、完成した道路は、以下のようになります。歩道は二人並んで歩けるようになったものの、速度規制は時速40kmのままです。

車優先の道路

以前から総社警察署に出向いて速度規制の見直しを訴えてきましたが、「一方向だけ規制をかけて時速30kmにするのは整合性がとれない」と言って聞き入れません。今回の改修工事に合わせて再度見直しを求めたものの、今度は「元町筋は取り締まる場所がない」とのことでした。人命よりも自分たちの仕事優先はいただけないと思います。

6　おまけ「もんげえー 笑けて ぼっけー きょーてー(恐い)話」

　道路の事業以外でも、市当局他関係者の取り組みはどうなっているのだろうと、不信感を抱く話を当たり前のように見聞きします。

①ずさんな下水道工事
　総社市のある地域の下水道工事では、二区間にまたがる下水道工事をA建設とB土木の2社が請け負い、それぞれに分担箇所の工事を進めて終了させています。ところが水を流しても一向に最終マンホールまで水が流れてきません。原因は、AとBがつながっていなかったのです。完成検査官は何をしていたのでしょうか。

②市職員互助会に貸与した土地がひどいことに！
　市職員互助会は市役所に比較的近いところ数か所で駐車場の契約をし、互助会員がそれを利用しています。私の父も平成2年から賃貸契約を始めています。
　契約前の地目は田で、まだ米を作っていました。市役所に近いため、市職員の駐車場を確保する意味からもその田んぼを駐車場として使いたいとの相談が事の始まりです。
　私の父に対して「造成は互助会のほうでやるからぜひ使わせてほしい」と言ってきました。父は「そちらが造成してやるのなら協力するが、

産廃のような汚いものは入れないように」という条件付きで貸与しました。そして、平成17年まで駐車場として利用していました。

　平成16年に父が他界し、その後は相続税対策として、私もその土地でアパート経営を検討し始めました。15年間使っていた駐車場の半分を残し、アパートにすることを理解していただきました。

　ところがアパート建設を進める前の地盤調査で問題が出てきます。ユンボで掘り返していくと、次から次へと半端でない大きさのコンクリート塊が出てくるのです。父が「汚いものは入れないように」と言っていたのに、何たるありさまでしょうか。

産廃、残土の搬出

　この造成については、ご近所の方も目撃をしており、かなり心配していただいていたようです。

　これではアパートは建てることができません。計画を中断して互助会に掛け合ったところ、互助会は非を認め、100万円近い弁償を分割でおこなうことで一段落です。

　甘言で誘い、こんな酷いことをする市職員もいるのだと認識したところでした。この話にはまだ裏話があります。

③互助会からの不当な値下げ要求

　しばらくして、互助会が残りの半分を利用している駐車場の料金を下げてほしいと言ってきました。

　互助会が利用しているほかの駐車場も同じように料金を下げるのかとたずねると、私のところだけ料金が高いので安くしてほしいというものです。その根拠をたずねても答えは返ってきません。

　駐車料金について調べてみると、倉敷市では、固定資産税を元にした計算式があり、それぞれの駐車場の料金を算出して公平に決めています。これならば誰もが納得です。では私の駐車料金が本当に高いのか、この計算式に当てはめてみると、ほぼ妥当の数値となっています。

　つまり、弁償した分を少しずつ取り戻すために、私のところだけに値下げ交渉を要求してきたということでしょう。不公平なことを平然とやろうとする互助会がこれでは、もうお断りです。契約解除をしました。このあと、互助会は、私と私の母親の連名で「両名は市互助会とは関係なきものです」と市の広報掲示板に張り紙をしています。それを見た母親の友人が知らせに来てくれたということでした。私も確認していますが、本当に許されることでしょうか。まことに「きょーてー話」です。

　「きょーてー話」は、まだまだあります。②のような産廃の投棄は普通に行なわれていたようです。談合喫茶店の話も耳にしていますが、ここでは触れず、本題に急ぐこととします

第2節　誰も関心がないのか　壊れていく総社

1　総社で一番の財産 吉備路の自然環境保全地区 その景観

「吉備路風土記の丘」指定地域の一角

　上の写真は平成25年に撮影した、サンロード吉備路から東に見える、県立自然公園「吉備路風土記の丘」の指定地域です。前川の改修工事に向けて、樹木を伐採し遺跡遺物等の調査をしているといいます。

　乱開発しているように見えたため、県環境文化部自然環境課、備中県民局に確認しました。県は、備中県民局森林企画課が所管しており「景観に配慮してください」と言っているということでした。また、県民局は「河川法で、河川改修が優先されるので問題ない」との返答でした。

大雨の際の田んぼの排水や、景観にも配慮して河川の改修をおこなったのでしょうが、実態は前ページの写真のように胸が痛む景観となり、市の財産は台なしです。

　私にとっては幼少期より親しんできた場所で、この辺りから望む吉備高原の最南端の山並みは最も美しいところだと思っていました。ましてや県立自然公園の中です。

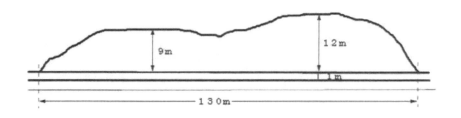

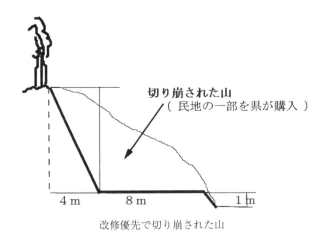

改修優先で切り崩された山

　景観については、林立する高圧の電線、無粋な鉄製のガードレールに表示板などは、吉備路の景観にはミスマッチです。総社市民がダメだと思っているくらいですから、外部からの観光客にとっても心に残る風景ではないでしょう。

吉備高原の最南端の山並みに、鬼ノ城あとも望むことができます

国民宿舎サンロード吉備路前は見苦しい電柱が林立

　電柱を立てる前に「吉備路にふさわしくない、立てないでほしい」「地中化をしていただきたい」とお願いしたものの、お金がかかるからと言って却下。国民宿舎サンロード吉備路では、タンチョウヅルが飼育されており、近くには作山古墳もあり、無粋な電柱が似合うはずもないのに市当局は観光資源にする意志すらなく、美しい吉備路の景観をアッサリと壊しています。

総社は倉敷・岡山の周辺に位置しているため、観光客が来ても残念ながら滞在型の観光地とはなっていません。まさに素通り型の観光地であり、このままでは、どれだけのお金が総社に落ちるでしょうか。
　霧の中に林立する作山古墳の赤松林を見ても霧が流れていく様は水墨画以上のものを見ているようで癒されます。岡山にも倉敷にもない吉備路の景観を守り、多くの人に親しんでもらえるような総社にしていきたいものです。
　5期目で16年もやっている市長は、新市庁舎屋上の展望台に観光客も上がると思っているのでしょうか。市民の中には「テーマパークはいらん」と言う人もいます。言い得て妙です。

2　放置されているゴミ問題

　私たち団塊の世代は幼少期にプールがなく、高梁川や近くの小川や池で水遊びを楽しんでいました。学校帰りに鞄を下ろして素っ裸で川に浸かって遊んだことも何度かありました。小さな魚が群れている中を泳いだり、石積みのすき間でウナギが顔をのぞかせていたり、虹色に輝くカメンター（バラタナゴ）やオイカワにドキッとしたり、自然に抱かれて育った記憶が蘇ってきます。
　そうやって親しんできた川は今、どうなっているでしょうか。前項でもふれた、前川の上流は次ページの写真（左）のようなありさまです。
　水は綺麗ですが、ゴミであふれており、昔のように川で魚獲りをしていたころと同じ気分にはとてもなれません。ビオトープの趣もあり、子どもたちが網を持って、川の中で夢中になって遊べるようにできないものかと、つい思ってしまいます。

　平成30年の大雨では、上流からはものすごい量のゴミが流れてきまし

た。もちろん、総社からも下流に大量のゴミを流しています。原因は、心ない人のポイ捨てによるものです。ボランティアで渋川海岸のゴミ拾いに参加しても、嘘だろうという量のゴミが打ち上げられています。

（左）川底にはたくさんのアルミ缶、スチール缶が沈んでいます（前川上流部）
（右）大水が出るたびにできたゴミのたまり場（高梁川河川内）

　このようなポイ捨てのゴミは見ておれず、自主的にゴミ拾いをしている方もいます。「オレ捨てる人、キミ拾う人」では困るのですが、ポイ捨てが圧倒的に多いのは事実です。

　議員さんの中にも関心を持って清掃活動をおこなっている人もいます。また、プラごみを減らそう、マイクロプラスチックによる海洋汚染を止めようと議会でも質疑答弁がなされています。
　令和3年6月定例会におけるM議員の一般質問は以下のとおりです（詳細は総社市ホームページより総社市議会の議会閲覧でご確認ください）。

第1章　新市庁舎建設の問題点を明らかにする前に　　37

> **【質問】プラスチックごみ・資源について**
> （１）プラスチックに係わる資源循環の促進等に関する法律について
> **M議員**：国会で成立した「プラスチック資源循環促進法」の法律制定を受けて、自治体の役割、課題をどう捉えているのか。
> **市長**：これからの問題は二つある。一つ目は、マイクロプラスチックによる海洋汚染を止めるためにも総社市が率先してリーダーシップを発揮していきたい。
> 二つ目は、プラスチックごみの回収を確かにするために年度計画を作っていきたい。

市長の言う海洋汚染のゴミは、未回収・非回収のゴミのことでしょう。回収されたプラスチックごみを受け入れていた外国が対応しないようになれば、それは自国内で対応するような仕組みを考えることになります。しかし、です。

M議員は、市長の答弁を受けて、次の３点を提案しています。

> **M議員**：①回収の回数を増やすのはどうか。②プラスチックごみを相対的に減らす努力工夫はできないか。③環境教育を学校で海洋プラスチックごみについて考えるテキストづくりはいらないか。総社市はプラスチック削減を強く目指すんだ、そんな思いをPRしたらいいのではないか。
> **市長**：プラスチック削減宣言を総社市として発信していきたい。議会と協議して、総社市がプラスチック削減宣言市ということで宣言していきたいと思うので、ぜひご協力をいただきたい。

①のプラスチックごみの回収回数を増やすことで、回収量はどの程度上がると予測しているのでしょうか。それで海洋汚染を止めることにはならないでしょう。一番の原因はポイ捨てや不法投棄だからです。

②について、マイボトル、マイ箸、マイバッグと言いながら、議会場のテーブル上にはペットボトルの飲料水が並んでいます（現在は廃止している様子）。総社市が販売している、ペットボトルのチュッピーウォーターにしても、総社の水をわざわざ三重県まで運んで作ることでしょうか。環境負荷を考えたら、そんなことはやるべきではありません。

③について、子どもたちへの環境教育は必要ですが、子ども任せでいいのでしょうか。M議員は「マイクロプラスチックごみが後生に蓄積されていかないように」と言いますが、いま自分たちが何をしなければならないか理解したうえで議論しているのか、疑問に思います。

自分たちの自治体から、海洋汚染をストップさせるためにはどうしたらよいでしょうか。市長の宣言だけで、解決するのでしょうか。議会での不毛な議論がよくできたものと腹立たしく思います。

3　子育て王国・総社って何？

数台の自転車で横いっぱいに広がり、車の通行を妨げながら走行している一団に遭遇したことがあります。中高生たちです。彼らは車とすれ違うときにドライバーの目の前にパッと手を出して驚かせたり、わざと走行中の車の前に飛び出すなど、やりたい放題です。こちらが注意すると「くそジジー！」と叫びながら逃げていきます。警察に対応を依頼しても埒が明きません。

この狼藉は、交通妨害だけではありません。石原公園、常盤公園でも見られます。公園のトイレに人が入ると爆竹を投げ入れたり、ガラスや外壁のタイルに石を投げつけて破壊したり、トイレットペーパーを持ち出して投げつけて遊んだりと、とんでもないことをやっています。

都市計画課の職員によると、トイレに設置したばかりの防犯カメラを

覆面マスクをして、取り外す子どももいるとのこと。またボランティアで公園に植樹したばかりのツツジも折られてしまっています。

　子育て王国と言いながら、なぜこんな子どもたちが育っているのでしょうか。倉敷市にはいくつもの児童館があり、それぞれの地域の子どもたちの癒しの場となっています。しかし総社市にはそれらしい施設は見当たりません。これでなぜ「子育て王国・総社」なのでしょうか。
「宣言」や「ネーミング」だけにとどまってしまうのは、本当に残念です。

4　桜谷の静かな墓地公園に国道バイパスを通過させる愚かさ

　私の家の墓地は、桜谷にあります。静かな落ち着いた環境の中にあって、月参りは欠かしません。しかしこの近くを、国道180号バイパスを通すというのです。
　騒音や振動について関係者に聞くと「防音壁を付ければよい」とか「何としてでもここに付ければよい」などという話を平然とします。先祖が眠っている静かな場所に何でもありでやってしまおうとする、その感性はどの程度のものかと疑ってしまいます。

　これと同じことが、新市庁舎の屋上に展望台を付けようというものです。近隣住民は毎日の暮らしの中で、高い構造物は見たくないし、展望台から見られたくもないのです。住宅地の中に中途半端な展望台は何の価値もありません。市長が「総社の新たなシンボルにする」と言っているこの展望台の計画は中止してほしいと訴えていますが、無視されたままです。

5　高梁川が天井川になろうとしているが大丈夫か

　総社市を南北に流れる高梁川。台風などで増水し、あと1mほどで水が堤防を越えそうになったときには、堤防のあちこちで「ゴボゴボゴボ…」という音とともに水が抜けていく様子を見ています。

　総社大橋下手の左岸の辺りは、以前は水深が4～5mほどでしたが、最近の渇水期は人が立つことができるほどに浅くなっています。原因は平成30年の大水です。左岸に大量の真砂土を投入してグラウンドを作って間なしの大雨で、芝がまだしっかり根付いていなかったのでしょう。芝も真砂土もほとんどが流されて川底に堆積してしまっています。天井川化が一気に進んでしまったような状態です。

　天井川化が進んでいるため、今後平成30年並みの集中豪雨が再び襲ってきた際には、越水状態になり堤防が切れることも想定しておいたほうがよいでしょう。甚大な被害を出さないためにも、何らかの対策が必要です。

　堤防が切れて水害が起きた際には、庁舎屋上の展望台が火の見櫓となって被害状況が分かるのだそうです。しかしドローンや空飛ぶクルマなどのハイテク時代に、時代遅れも甚だしい発想です。

　私は二十数年間「水辺の楽校」でカヌー教室をやっており、高梁川の水質についても心配しています。総社市には食品製造業が多いだけに、水質問題が一度起きてしまえば大変な事態になるかもしれません。

　現に平成17年頃のこと、総社市下水処理場の排水による高梁川の水質汚染事故が報道されています。水質汚染事故については県下三大河川で例年20～30件の報告があります。吉備中央町のPFASのとんでもない事故は悪質な事業者がいるかぎり、いつどこで再発するかわかったものではありません。

6　特定病院に補助金　怪しいお金の動き

　総社市が長野病院、薬師寺慈恵病院、森下病院に対して30億円相当の補助金を出すという話が聞こえてきています。当初、長野病院に対して10億円近い補助金の話が議会に提出されたといいます。また「総社に病院を作れば10億円の補助金がもらえる」と、他市からも総社にぜひ病院を作りたいという動きが出てきて、あわてて3病院に限定する条例を作ったという話もあります。

　市民病院ならまだしも、個人経営の病院の建て替えに10億円もの補助金とは、まことに景気のいい話です。また、これらの3病院だけにいい思いをさせてはまずいと思ったのでしょうか。市内の各医院・各介護施設に40万円～50万円を配り、その総額は6,000万円ほどのようです。
　医院にお金が配られる話を電話で受けたある医師は、自分のところではないのではと聞き返したそうです。そのお金は「口封じかなあ」と笑いながら話していましたが、それは真実であるかもしれません。

　このようなことは、今に始まったことではありません。2020年に総社東中学校でコロナ感染が広がったときには、各家庭に1万円ずつ配る話が出ました。さすがに私も「それはおかしいだろう」とすぐ議員さんに連絡をしたのですが、このときは、議員の皆さんは冷静だったようで、これは議会で否決されています。もし否決されずにそのまま配っていたら、次々と小中学校にコロナが蔓延していく中で、児童・生徒のいる全家庭に1万円を配っていくことになったでしょう。後先を考えず、また個人病院にも補助金を出していて、大丈夫なのでしょうか。

　市長の被災地支援についても、納得いかないところがあります。この

たびの能登半島地震の被災地に寝袋を送ることは正しいことで、決して否定するものではありません。しかし、その行いをYouTubeなどで自己アピールする姿は、被災者に対して申し訳なく、恥ずかしい気持ちになってしまいます。

　市長のモットーは、「透明性・公平性・公正性」と言っています。では、そのモットーにおいて本当に誠実に市政をまっとうしているのでしょうか。特定の病院に対する補助金について、K議員は令和4年6月の定例会議において補助金の反対を表明していますが、賛成多数で議決されたことに対する問題点をご自身の市政報告で知らしめています。以下、私の家の郵便受けに入っていたK議員が書いた市政報告です。本人の了承を得ることができたので、人物名を伏せてここに文章を引用したいと思います。

―――――

K議員市政報告

市内民間病院建設に9億8,000万円補助金を反対！
令和4年6月定例市議会　賛成多数で可決

討論の内容の中から
……これまで計画的に進められてきた、市長の言うビッグ5のうち、いじりの認定こども園　事業費　7.8億円　合併特例債の将来にわたる返済額も含めても単純計算で総社市の負担は3.2億円
●総社小学校　事業費29.2億円【総社市の負担額　9.8億円】
●給食調理場　事業費27.7億円【総社市の負担額　8.8億円】
このように計画的に進められ、長年にわたり返済をしながらの事業でも最大9.8億円です。
　物価が高騰する今、単市で9億8,000万円、市民一人当たりの負担に

第1章　新市庁舎建設の問題点を明らかにする前に　　43

直すと約1万4,000円もの支出をする重大施策（民間病院に対する補助金）に対して市長自身の言葉で何ら説明がなされていなかったことに関して、とても残念に感じますし、市長の政治手法について改めて疑問を感じます。

　昨夜、総社市がこの件で吉備医師会理事への説明がなされました。内容は「満場一致で税金の使途として反対」と聴きました。地域の医療体制を支えている医師会の考えを聴き、本当に市内の医療提供体制の整備に、ひいては住民の福祉向上に繋がるとは思いません。

　こうした意見もありながら賛成はできません。

　（中略）以下、問題点を指摘します。

① **市長や担当部課長答弁に矛盾**
　3月委員会「病院建設を予定している法人から総社市へ財政支援はないのかとの問い合わせがあり総社市が補助要綱を考えた」（課長答弁）
　5月委員会「他の病院がこの補助要綱に基づいて申請してきた場合は、医療機能が余剰になるようなら必要ないとの判断になる」（部長答弁）
　6月本会議「それ（部長答弁）はおかしい。他の病院の申請も受け付ける」（市長答弁）
　9月本会議「市内の病院に限る。要綱も変える」（市長答弁）
　6月定例市議会での特定法人の病院建設補助金の予算は可決したが、10月末時点でまだ申請はなく、また他の市内外病院も申請が一件もない状況で、他市病院は補助対象者から外す、と発言し、10月1日要綱変更があることやそれ以前の部課長や市長の一貫性のない答弁。この政策のプロセスに疑問を感じます。

　　※補助金交付要綱とは、補助金を交付するまでの事務手続きに関する行政機関側のマニュアルであり、補助金を扱う行政機関や事務局の対応に不公平がないように定められ、補助金の交付事務の基準になるもの。

② 公平性・平等性

　平成28年駅前の病院建設には２次救急機能を有する病院として１億円の補助金が交付されています。今回の病院では9.8億円。しかも内訳では２次救急機能だけで約３億円以上とされています。過去の病院建設への補助と比較しても破格です。

③ イレギュラーな議案提出

　9.8億円もの予算案が、１月からの文教福祉委員会で計６回も調査されながらも、６月定例市議会補正予算で、しかも会期途中に追加議案で提出されることに市長の政治的な戦略を感じます。

　通常であれば、市長自身が本会議開会前には報道機関へ、議案の発表、説明があり、また本会議開会日に行政報告により市議会や報道機関を通じて市民に報告をしますが、会期途中の追加議案なので、これらのことは省かれ市民が知る機会が失われました。

※補正予算とは、当初予算成立後に発生した事由によって、当初の予算どおりの執行が困難になったときに、本予算の内容を変更するように決められた予算
※追加議案とは、本会議の開会日に上程されない事由により仕方なく会期途中に追加して上程される議案
※行政報告とは、市が取り組んでいる事業について、市長自身が議会を通じて市民に報告するもの

④ 吉備医師会が反対

　６月議会最終日（採決当日）私はこの情報を事前に聞いていましたので、反対討論で他の議員にも説明しました。しかし賛成多数で可決となりました。市長が会期中この議案の件を発言したのは採決が終わったあと。「吉備医師会から、この議案に対して反対だ」（市長）と、またその後の委員会でも担当課長からは「議会で医師会は反対していることを伝えていただきたい」との意見もあったそうです。

このように、「民間病院建設の補助金」にはいくつもの問題があったことを指摘したにもかかわらず、なぜ賛成多数で可決となったのでしょうか。
　「ぼくは市長派」と公言する議員や病院経営者の票田をあてにする議員等々によって議決されてしまうことを、一般市民はどう思えばよいのでしょうか。

7　一人の声を利用　都合良く対応する行政の悪どいやり口

　平成18年3月22日に制定された『総社市民憲章』では「明るく豊かなまちをつくることにつとめ」、そして「郷土を大切に美しい環境をまもりましょう」とあります。また、総社市では、市長の元で「総社市環境基本計画」が策定されています。そこでは「総社のまちが更に住みよいまちへ変わることを目指す」としています。

　生活環境の保全として、
・良好な環境の維持と環境負荷原因者に対する監視・指導を実施する

　景観保全として、
・良好な景観に配慮した都市づくりを目指し、その保全に努める
・歴史景観に配慮した景観形成を図る
・公園や広場の緑化を図り緑あふれる景観形成に努める
・商店と住宅が調和の取れた町並みの景観の形成に努める

　などと謳っています。ところがです。令和2年7月28日、町内の方から「石原公園の樹を伐り倒している」と連絡があり、かけつけてみると

50年かけて育った樹木が、無残にも8本伐り倒されています。作業員のシルバーさんに作業を止めてもらい、都市計画課に連絡し、問い質すと、都市計画課の職員は「臭い樹木がある」「樹木がもう朽ちている」「カラスがいて困る」「ナントカ虫がいる」「道路の落ち葉をほったらかしにしないでほしい」などの市民の声があったからだと言います。樹木を切ってしまえば問題解決できるという発想なのでしょうか。切ってしまえば公園管理の仕事も減り、苦情も聞かなくて済む、毎年の剪定コストもかからない、市としては願ったり叶ったりなのでしょう。誰のための公園なのか、考えてほしいものです。

伐られた石原公園北側の樹木

中央文化筋の街路樹も撤去

　また市役所通りの街路樹も撤去の対象になってしまいました。これもこの基本計画で示された「緑あふれる景観づくり」からはほど遠い行政の取り組みとなっています。一人の商店主の「店の前の木が邪魔して看板が隠れとろうがぁ」が発端のようでした。市はどう対処すべきか、わかるはずです。本当にわからなかったのでしょうか。
　市民が安らぎ、豊かな心を育んでくれる公園の樹木や街路樹をいとも簡単に伐採・撤去することと、総社市民憲章や総社市環境基本計画で謳

っていることをどうつなげたらいいのでしょうか。市長ほか市政に携わっているすべての方々に問います。

　都市計画課は、石原公園の木々についても、次のような大規模な伐採計画をしていました。（次ページ参照）
　第1次の環境基本計画の目標や施策の方向からも、公園や街路樹の緑をなくすことや新市庁舎の展望台計画などは、まったく論外の取り組みになっているとしか言えません。総社市では環境保全条例も策定されており、この条例に照らし合わせても大いに問題ありです。

第1次環境基本計画・第2節「計画の目標」より

「緑とふれあい、歴史と文化を大切にするまちを築きます（社会環境）」
「人にやさしくモノにもやさしい、健康と安全・安心なまちを築きます（生活環境）」

施策の方向
　①歴史的・文化的遺産の保全
　　・文化財の保存と活用
　②快適な環境づくり
　　・周辺の環境に配慮した景観保全
　　・まちの美観の向上、住みよいまちの形成

総社市都市計画課による石原公園の樹木伐採計画

R2.7.28（火）

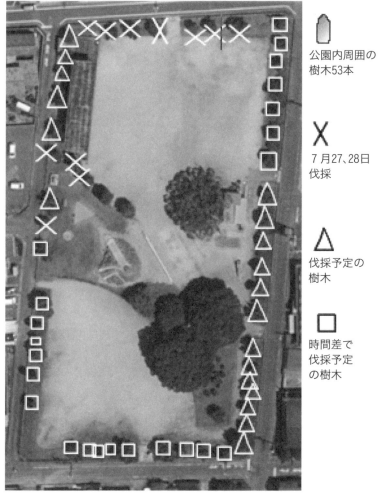

総社市都市計画課による石原公園の樹木伐採計画より作図
（国土地理院空中写真より作成）

令和4年11月には、都市計画課に石原公園の剪定等についても、おもに下記のような依頼をしています。

①石原公園は親子連れや中学・高校生、高齢者に至るまで多くの人が利用し、心癒される場になっている
②しかしシルバーセンターの伐採班による殺伐とした作業は、私たちが求めている公園の姿とは真逆である
③石原公園を無味乾燥で無残な公園にしようとした伐採計画は、一部のクレームや市の対応の拙さ、安易な経費削減計画によるものであると想像する
④遊具の設置については、遊具業者との癒着などがないよう用心してもらいたい
⑤多くの利用者が癒しを求めて石原公園に来ていることを念頭に置いて、公園の樹木を守り、心の行き届いた剪定や適切な公園管理をお願いしたい

　これによって石原公園の市の取り組みが変わっていきそうで、安堵したところです。
　また、約束していた伐採跡地への植樹は、緑の募金を利用して3年後にやっと叶うことになりました。職員の方と3人がかりで12本植えることができましたが、心ない中高生に2本折られてしまい、胸の痛む思いです。この都市計画課へのお願いでは、つまらない遊具を安易に設置しないよう、子どもたちの創造力が発揮できる空間にしてほしいと伝え、ご理解いただいたように思っています。遊具業者のそそのかしなどには十分用心してほしいものです。ところが、課長の異動でまた逆戻りのあやしい雲行きです。

　また、中央文化筋の図書館玄関前の樹木が今、また低く姿を変えてい

ます。こんなことはやめてほしいと昨年お願いしたばかりなのに、本当に残念です。

図書館前の樹々の無残な状態

　そして今、新市庁舎の建設が進んでいますが、新市庁舎屋上に火の見櫓と称される展望台の計画があります。わがまちの景観や歴史、近隣住民への配慮等々十分考えた上でのことでしょうか。私はそうは思いません。設計会社の思い付きを安易に受け入れている総社市政に問題があります。その総社市政のさらなる至らなさを、第2章で皆さんにお伝えします。

第 2 章

新市庁舎建設に関わる問題点

本章では現在進行中の新市庁舎建設に関して多くの問題点を抱えており、これを皆さんにお示しすることで、市政への関心を一層深めていただきたいと願っています。

第1節　新市庁舎建設の経過

1　合併特例債再延長の中のドサクサで新市庁舎建設を計画

　合併特例債とは「市町村の合併で必要となる事業に対して、事業の財源として使用可能な地方債」です。地方債とは「地方公共団体が一会計年度を越えて行う借入」のことです。

　この合併特例債には制限があります。2005年（平成17年）3月31日までに合併した市町村は、合併がおこなわれた年度およびこれに続く10年に限って発行が可能な地方債です。しかしこの期限は法改正により延長、再延長がなされ、東日本大震災の被災地は25年、それ以外は20年となっています。そして合併特例債の対象となる事業は、合併の合理化・効率化を進める事業のみとなっています。

　合併特例債は、一事業において95％をこれに充てることができ、残りの5％は自己資金となります。しかし国が95％を援助してくれるわけではありません。ここにも制限があり、毎年の利息も含めた返済額の70％を国が負担し、市町村側の負担は実質的に30％で済むということです。例えば100億円の事業ならば、以下の計算のように市町村の負担は33.5億円となるのです。

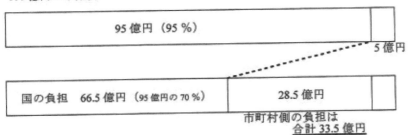

事業費の市町村負担の割合

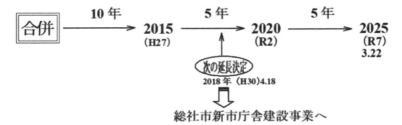

総社市合併後の20年

第2章 新市庁舎建設に関わる問題点

前ページの表のとおり、100億円の事業について国が66.5億円も援助してくれるのであれば、市町村の財政負担を軽減でき、合併に伴って必要な事業を推進するのに有利な制度ともいえそうですが、ここにもまた落とし穴があることが、あとからわかってくることになります。

　また総社市の合併特例債発行可能額は171億770万円です。市財政課によると、新庁舎建設事業以前に取り組んだ事業は、清音神在本線整備、消防救急無線デジタル化、雪舟くん（オンデマンドタクシー）車両購入・更新、清音駅東地区整備、消防昭和出張所整備、昭和公園整備、一般廃棄物最終処分場整備、昭和福祉センター解体、幼稚園耐震化、常盤第二分館整備、雪舟生誕地公園整備、義務教育施設耐震化、認定こども園整備、給食調理場整備です。

　これらの事業に取り組んだあと、**合併特例債の再延長によって、令和6年度末までに完成させればよいという見通しで、新市庁舎建設計画が急浮上**してきたのでした。合併特例債を使った市庁舎の建て替えが合併当初からの検討事項であれば、新市庁舎は都市計画や町づくり計画の中で余裕を持って多くの市民と対話し、賛同を得て進めていくことができたはずです。しかし「ドサクサ」で進めている感があります。

　また、この合併特例債の再延長に当たっての衆参両院における付帯決議（次ページ）では、**事業は「住民合意を尊重して実施し、期限内に完了する」**旨が記されています。住民との合意形成を促しているにもかかわらず、総社市は近隣住民や市民には気づかれないように作ってしまおうとする意図が見え隠れしています。

なお、以下は総務省の資料から作図しています。総社市は合併特例債に該当し、合併推進債は岡山市等政令指定都市が対象となっています。（表のラインは私が追加しています）

【参考】 平成の合併における地方債措置	
合　併　特　例　債	合　併　推　進　債
平成11年度から平成17年度までに合併した市町村 　　　（旧合併特例法）	平成17年度から平成21年度までに合併した市町村 　　　（新合併特例法（平成22年改正前））
○東日本大震災の被災市町村 　合併年度及びこれに続く25年度 ○被災市町村以外の市町村 　合併年度及びこれに続く20年度	○東日本大震災の被災市町村 　合併年度及びこれに続く20年度 ○被災市町村以外の市町村 　合併年度及びこれに続く15年度
【H30.4.10衆・総務委員会　附帯決議（抄）】 合併特例債の発行可能期間が合併市町村の一体感を早期に醸成するために設けられたものであることを踏まえ、合併市町村が、今後、合併特例債の発行可能期間の更なる延長を行うことなく、今回の延長期間内に市町村建設計画に基づいて行う事業等を住民合意を尊重し、実施・完了することができるよう、必要な助言を行うこと。 【H30.4.17参・総務委員会　附帯決議（抄）】 合併特例債の発行可能期間が合併市町村の一体感を早期に醸成するために設けられた趣旨を踏まえ、今回の延長発行期限を更に延長することなく、合併市町村が市町村建設計画に基づく事業等を住民合意を尊重し、期間内に実施・完了することができるよう、必要な助言を行うこと。	＜経過措置について＞ 【令和3年度財政課通知（抜粋）】 　「市町村の合併の特例等に関する法律の一部を改正する法律」（平成22年法律第10号）による改正前の「市町村の合併の特例等に関する法律」（平成16年法律第59号）に基づき、平成17年度から平成21年度に合併した市町村における合併推進債については、経過措置として、発行可能期間内に実施設計に着手した事業に対して、現行と同様の地方財政措置を講ずることとしている。
充当率　　　　　　95％ 交付税算入率　　　70％	充当率　　　　　　90％ 交付税算入率　　　40％

総務省自治行政局市町村課
令和3年1月22日「基礎自治体を取り巻く現状と課題について」より転載

2　新市庁舎建設の基本構想から竣工式まで

　新市庁舎建設の経過と市当局の取り組みを時系列で整理します。

	市当局の取り組み	市民への広報（広報紙）
2019年 （平成31年 ～令和元 年）	・4月 **「総社市庁舎建設基本構想」** **を策定** 議員 新庁舎建設調査特別委員会 新庁舎建設小委員会 　（令和3年9月の市議選ま で） ・7月 総社市庁舎建設基本計画策定 および基本設計業務委託（公 募型プロポーザルの実施）	

2020年 (令和2年)	令和2年1月～9月 市民代表者23名によるワークショップ・計5回	・3月 広報紙（3月号） 新庁舎建設へ向け、市民の意見を取り入れるためワークショップを開催。今後グループワークを予定。
	令和2年5月12日～26日 「総社市庁舎建設基本計画(案)」パブリックコメント募集（HPにて）	
	・5月 **「総社市庁舎建設基本計画」**	
	令和2年6月4日～23日 「総社市庁舎建設基本設計(案)」パブリックコメント募集（HPにて）	
2021年 (令和3年)	・6月 **「総社市庁舎建設基本設計」**	・8月 広報紙（8月号） 「総社市庁舎建設基本計画」の紹介（図面詳細はHPで紹介）

2022年 （令和4年）	・7月 「総社市庁舎建設実施設計」	・12月 広報紙（12月号） 11月の臨時市議会にて新庁舎建設にかかわる補正予算が可決したことを紹介（新庁舎東側から見た完成図の小さなイメージ図を掲載） **ここで初めて展望台ができることを確認する**
2023年 （令和5年）	・2月 竣工式 市長は挨拶の中で「新市庁舎のコンセプトはと聞かれますが、**それはもう市民を一番に考えているかどうか、市民を愛しているかどうか、市民に寄り添っているかどうかです**」という	・3月 広報紙（3月号） いよいよ始まる！ 新庁舎建設工事全体計画の紹介（図面詳細はHPにて紹介）

　令和4年2月定例議会で、市庁舎建て替えについて市長は「**できる限り市民の声を現実化できる形にしたい。時間がかかるかもしれないが、『市民が建てた市役所』にしていきたい**」と答弁しています。

　しかし令和2年のワークショップの市民の参加者は、**市当局が依頼した23名と市民が選んだ市議会議員**（新庁舎建設調査特別委員会、新庁舎

建設小委員会）だけです。市民参加者の23名は「市民代表者」となっていますが、この中に近隣住民、近隣町内の代表者はいません。これで本当に市民の声を集約した『市民が建てた市役所』になるのでしょうか。

　また、市民への広報活動は「広報そうじゃ」がもっとも効果的であるにもかかわらず、**私たち近隣住民が中止してほしいとお願いしている高い構造物の展望台については、表記が一切ありません。**それどころか、近隣住民に高い構造物と思われないよう、あえて疑わしい表記さえしています。

　市当局は、市民の声はできるだけ聞かないようにしているのか、市民説明会などもまったくおこなわれず、パブリックコメントも広報紙で募ることはせず、ウェブサイトで済ませているありさまです。

3　新市庁舎建設に関わる当局の姿勢　岡山市とどう違う？

　総社市と同時期に合併があった政令指定都市の岡山市は「合併推進債」で新市庁舎建設に着手しています。岡山市当局の取り組みは、総社市と明らかに違っています。市民説明会については、案内のチラシを市庁舎周辺10町内の全戸に職員が手分けして配布しています。

岡山市当局のおもな取り組み例
・岡山市役所庁舎に関するアンケート（無作為の18歳以上の市民3000人）
・有識者による整備検討会
・本庁舎等整備基本構想（素案）へのパブリックコメント募集（広報紙で案内）
・市民説明会（本庁舎等整備基本計画、広報紙で案内）
・新庁舎基本設計（素案）へのパブリックコメント募集（広報紙で案内）
・市民説明会（新庁舎基本設計・素案、広報紙で案内）

・実施設計前に新庁舎の模型公開
・市民説明会（新庁舎実施設計、広報紙で案内）

　岡山市との違いを総社市当局に指摘すると「それぞれの自治体のやり方があり、問題にすることでもない」との回答でした。
　岡山市のように最善を尽くしてこそ、市長が発した「市民が建てた市役所」になるのではないでしょうか。

4　展望台計画の見直しと中止の要望書を市長に提出

　令和5年3月1日、私は展望台計画の見直しと中止の要望書を、150名の反対署名を添えて直接市長に手渡し、与えられた30分間でできるだけていねいに説明しました。

　以下、要望のおもな内容です。

・新市庁舎建設計画は、これまで市民への説明会は一度もなく、広報紙での説明会の案内もないまま、進められてきた。
・近隣住民への説明会はまったくなされていない。
・住民に何も知らせないまま、高さが9階相当の展望台を造ろうとしているが、次の理由から、展望台の計画は中止することを強く要請する。

（1）コロナ禍による社会の疲弊と物価高騰の折、予算の使い方に異議がある。
（2）9階相当の展望台ができれば、近隣住民は生活が覗かれる不安と、威圧的で時代遅れの景観を毎日目にすることから、常にストレスのある生活を強いられることになる。

（3）鬼ノ城西門の形状によく似た、あるいは天守閣のような展望台が市中心部に造られることは、総社市が長く培ってきた歴史・文化・町並みの景観等ともかけ離れるものであり、『総社市環境基本計画』で示された内容とも齟齬が見られる。

（4）パブリックコメントでは展望台の必要性を問う意見があり、新庁舎建設小委員会でも市民に必要の是非を問う意見もあり、市は検討すると言いながらも何も公表していない。

　市長は「ちゃんと受け止めて、お考えをもとにいろんな方と相談して、回答を申し上げたい」と発言しています。しかし「市民が一番。市民愛。市民に寄り添う」と公言して憚らない市長からの回答は、いまだありません。

　署名活動中に驚いたことは、展望台ができることを知らない人が100％であったということでした。これも総社市当局のやっていることが、いかにデタラメであるかということの証でもあります。

5　令和5年2月定例議会　要望書に関連した市長の答弁

　新市庁舎屋上展望台計画の見直しと中止の要望書を市長に手渡したことについて、市議会議員K氏は、定例市議会一般質問（令和5年3月6日）の中で、私たちの意向をくんでくださり、市長に問い質してくれています。質疑答弁の内容は以下のとおりです。私のコメントも付け加えています。市長の本気度について考えてみてください。

> （大項目）その3　　新庁舎建設について
> （中項目・質問要旨）
> （1）新市庁舎屋上展望台計画の見直しを求める要望書について
> 　　　この時期になぜこのような要望書が提出されたと思っているのか。
> 　　　要望書提出者への思いにどのように応えていくのか。

　　以下は、K議員・市長・N部長のやり取りの抜粋・要約です。

【令和5年2月定例総社市議会　K議員質問】令和5年3月6日

K議員：この件に関して、我々も小委員会の報告を受けて議決をしたが、結果として自分は市民の声は聞けていなかった。議決し自分は賛成した。当局に対してそれを市民に聞けているのか問うこともなく、市長の「市民に寄り添う」答弁ばかりを聞いて、ちゃんとやれていると思い、追及しなかった。要望書を出された方にここで深くお詫びを申し上げる。この問題にどう応えていけるのか考えなければならない。まずは、なぜこの時期に要望書が出てきたと思うのか。

市長：市民の方に対して特に近隣住民の方々に対する説明不足であった。説明責任を果たすべきであったと反省している。

K議員：民家を新築するときでも、近隣が嫌がるようなものは造りたくない。ご近所同士仲良くしたい思いは同じではないか。これを提出した方々、石原北町内会の住民の方々は、このような展望台ができると自分たちの生活環境に影響が出るという思いであった。市長は、近隣住民と仲良くしていかないといけないというが、仲良くしていくためにどうしていくのか。どのようにこの問題を解決していくのか。

市長：訴えてきた方々をはじめ、近隣住民の方々と話をして理解を求めるよう率先してやっていきたい。

K議員：理解を求めるというのは、屋上の展望台の計画は中止とはし

ないという判断でいいのか。展望台はつくることで、理解を求めるということでよいか。

市長：これからもう一度よく説明させていただきたい。予算として提案されて議決をいただいて進めていった。合併特例債末日（令和6年度末）に間に合うように、議場から発議されて建設に至った経緯がある。設計変更をして工事をストップしてしまうと、合併特例債事業でなくなり、約15億円を国からいただけなくなる。（※筆者注：この説明は不正確。詳細は第2節8項）

それも踏まえながら、よく説明をしてどのような理解をいただけるか分からないが話し合っていきたい。

　（※筆者注：これまで一度も説明がないから、問題になっている）

K議員：見直しを求める声に対しては真摯に応えていかなくてはいけない。それには市長も市民への手順、説明不足であったというが、展望台の中止ができるかどうかは調査をしたのか、合併特例債の末日までに間に合うか間に合わないか、設計変更は必要なのか、屋上部分がなくなり軽くなるのであれば設計変更はしなくても済むのではないか。考えて考えて考え抜いて、総務省とも連携をとって、それでもダメだという判断なのか。

こういった声をしっかり聞くためにはどうすればいいのか。可能性は探られての無理、間に合わないという考えなのか。（筆者注：つくる前提を変えていないので、現時点では市長も当局も「考え抜く」姿勢は、できていない）

市長：これからどのようなことができるかは詰めて協議をしたい。法的な問題は担当部長から答弁させる。

N部長：屋上部分を取りやめた場合には、工事を一時中断させていただくことになり、その後、設計変更の手続きをすることになる。議員が言われるように、展望台を取って軽くなるから大丈夫だということにはならない。庁舎棟については免震構造を採用しているので、通常の建物よりも高度の構造計算をする必要があるため専門機関の技術審査や国土交

通省への変更日程の手続きをする必要がある。

K議員：確認をされたのか。それともそちらの考えで、そういうものだからしないということか。

N部長：こうなった場合、どんな手続きが必要かは設計会社に確認を取っている。

K議員：設計会社以外から確認をとっていないのか。可能性はないのか。はっきり言ってもう無理ということなのか。

N部長：私どもから、国土交通省へは確認していない。手続きは設計業者が通常取るので、設計会社に確認をしたらこういう手続きが必要ということであった。

K議員：いまさらだが近隣住民の声をよく聞いていればよかったと思う。そうは言っても、市長が言うように「市民に寄り添って」近隣住民と仲良くしたい。自分も仲良くしたいと思ってこの質問をしてきた。展望台見直しの要望書は出たが、無理だという回答なのか。

（※筆者注：K議員の「近隣住民の声をよく聞いていればよかったと思う」の発言には、裏話がある。令和5年1月21日（土）にYA議員と話す機会があった。展望台の計画について、また新庁舎建設小委員会の様子などについて尋ねる中で「近隣住民に対する意識はあったのか？」との問いに、YA議員は思わず後ずさりをする様子をみせ、近隣住民の視点で議論したことはまったくなかったことを告白している。市長も市当局者も議員も、御殿でも作るような夢心地でいたのではないか。6階建ての新市庁舎だけでも24mの高さとなり、超近接している石原北町内からすれば結構圧迫感が出てくるのはわかるはず。さらに屋上に展望台を設置すれば36mとなり、高い構造物が近隣住民にどれだけ影響を与えるのか、また展望台から不特定多数の人が見るようになれば、近隣住民はどんな思いを持つようになるのかと言ったことは、まったく関知していなかったことが判明した。市民の代表者である議員に大きな問題があるものの、市長も市当局者も公人であり全体の奉仕者である以上、市民の立場を無視していいはずはない）

市長：善後策が取れれば柔軟に対応しようと思っているので、考えさせていただきたい。

(※筆者注：市長のこの回答はかなり重い。展望台の計画見直し中止の要望理由からも、つくることを前提にした対応では、善後策につながらないのは明らかと言える）

第2節　新市庁舎建設で見られる数々の問題点

1　展望台の計画についてどのような議論がなされたのか

　新市庁舎建設についての協議は、主に市当局と議員による新庁舎建設小委員会の間でおこなわれています。

　この小委員会は令和元年12月20日の第1回を皮切りに令和3年7月28日の第16回で終了となり、市議会議員選挙（令和3年9月）に入って解散しています。建設基本設計までが検討対象で、その後の建設実施設計についてはノータッチです。選挙前までに建設基本設計の議論を終えたので、それでよしとしたのでしょうか。

　第14回小委員会（令和3年6月2日）は、当局の「パブリックコメントの実施に当たって、議会フロア及び基本設計案について協議していただきたい」という依頼から、この会がもたれています。

　冒頭、当局より、
　・調査事項1「議会フロア」
　・調査事項2「基本設計案」
　について説明があり、続いて事業比較の説明では、基本計画時点の事業費が88.3億円であったところ、基本設計では3.1億円の増額となり91.4億円に膨らんでいることとその理由を説明し、質疑に入っています。
　ここでは、展望台についての議論はどのようになされたのかを開示請

求で得た資料により、小委員会での様子を確認していきます（抜粋・要約）。

　まず、YA議員の事業費3.1億円増についての話から始まっています。「事業費を抑えられるところはないのか」の意見から、展望台に話題が集中しています。

　文中のラインは、注目していただきたいところです。私は展望台計画の中止を訴えている立場なので、共感できるところ、私も主張したいところを_____で、反対は～～～で記しています。

【第14回新庁舎建設小委員会】令和3年6月2日

YA委員：立面計画や内装と重なる部分が出てくると思うが、今回もイメージ図をつけていただいている。前回からイメージ図は見せていただいているが「現段階のイメージ」のようで、本決まりではなく、何となくイメージですよ、という感じでいつも説明していただいているように受け止めている。このことについては、いつ、どう言えるのか。

O課長：それぞれの段階でお示しできるものがあるように思う。今、基本設計の段階では、費用的なものもお示ししているが、その中でイメージをつくるとこうだということ。それで、実施設計の中でお金なりいろんな細かいところを詰めていく段階では、内装も外装も一部変更になってくる部分は出てくると思う。実施設計が終了時にはほぼ完成形に近いイメージがお示しできるのではないかと考えている。

YA委員：では今示していただいているこの外観のイメージ図や、これについてどうなのとかというのは、また今後そういったお話をさせていただく機会が出てくるということか。それとも、もうここで話をしないといけないものなのか。

O課長：実施設計のときにとなると、そこでまた後戻りがということになりかねない。できれば今回お示しをしていただける部分や検討してい

ただける部分があれば今回のこの場で言っていただければと思う。

YA委員：資料２－２で約3.1億円増になる予定とある。3.1億円はかなり大きいお金だと思う。大きくイメージを崩してしまうといけないとは思うが、何かを削って予算を抑えるなど、検討はできるものか。

O課長：今の3.1億円増という結論を出す前に、こちらでももう少し下げられないかと検討させていただいた結果として出させていただいている。おおむねの事務局側として削れるものは削って今の形になっている。大きいものを削るとなると、外観が変わってくることになってくる。内装でどういうものを使っていくかなどは、基本設計が終わって実施設計の中で決めていく。材料によっても、また色合いが違うだけでも金額が変わってくることはあるので、それはもう一度詰めていく。

それで、議会等にも影響が出る部分や、外観が大きく変わる部分などがあれば、そこはまたご説明をさせていただければと思う。今の基本設計の中で明確な部分があればお示しいただければと思う。今の段階では基本設計案でいきたいと思っている。大きくは今のものから変わる予定は今のところはない。

そのため何を削るかということをお示しすることは今の段階では難しいと思う。

T委員長：つまり、こちら側からこの件に関しては既にあるものに対して節約することが可能かどうかとお尋ねをするという形か。そうではないのか。

O課長：ちょっと難しいと思うが、現在の基本設計の考え方は、今ご説明をさせていただいた考え方である。今後実施設計の中で詰める内容としては、今度は細かいものの積み上げを見直していくという形になると思う。ただ、今回初めて内装のパースもお示ししているので、こういうものは不要なんじゃないかなど、気になる部分があれば、見直すことは可能だと思うので、ご意見をいただければと思っている。こちらから個別にお示しができないと考えている。

MB委員：立面図の15ページ、私には屋上にあるのは、鬼ノ城の西門をイメージしたものではないのかと見受けられた。鬼ノ城というのはそもそも朝鮮式山城で、これは百済人の方がつくったものだと言われている。平成になってこれを総社市が西門というものをつくったわけだが、あくまでもこれは想定のもので、現実にあったかどうかというのは非常に不確かなところがある。それが庁舎のシンボルになっているというのはいささかの議論もなかったのか、そこは非常に疑問に思う。

やはり名称の由来から考えて平安朝の建物、総社宮を中心としたまちづくりというかたちになっていって、それで神が辻が市民会館の前にあるというコンセプトを考えるとなかなかこれがそぐわないと考える。これはどのように説明されるか。そこを教えていただきたい。

O課長：展望部分には、実際にはモチーフは確かに存在するかもしれない。ただ、災害時等に高いところから見なければいけないとか、市民の方に利用させるかどうかというのは今後の検討課題だが、そういうことも含めて少しデザイン的にも変化のあるものということで今の設計を使っている。ただ、実際には平安朝の総社宮等の上に鬼ノ城が載っかっているのではないかというイメージだろうと思う。

その展望部分のデザインを変えることは当然可能だとは思うが、実際には鬼ノ城を載せようという意識でつくったものではないとは思っている。ただ、展望部分として少し和風的な、今の建築にそぐうようなものということでデザインを考えているので、それがおかしいということであれば、ここは少し変えた形でのデザインを検討することは可能ではないかと考える。とくに鬼ノ城を合体させようという意図ではないというものだ。

MB委員：いろんな歴史があるので、それらを取り入れてつくるというのは、考えとしては私は決して否定するものではない。ただ、何回もこの委員会で申し上げておりますが、総社市の名前の由来、そして総社駅舎もこれは総社宮をモチーフにしたデザインになっている。総社市のシ

ンボルとなるべき庁舎もこれから総社の歴史を市民の皆様に誇り高い意識を持っていただく歴史的な背景を考えたときに、どういったものを一番に持ってきたらいいのかということは非常に大切だと思うので、よくそこは研究していただきたい。
<u>私の目で見て、これはもう鬼ノ城の西門が載っかっている絵にしか見えないわけで</u>、そこのところをよくよく考えていこうかと思う。
O 課長：<u>総社の歴史を感じさせるものということが大前提のコンセプトにある。</u>その中である程度の見た目、鬼ノ城の部分や、総社宮の部分を大きくさせたいということでデザイン的な統一感がどうなのかということもあるとは思う。<u>実際にはいろんな部分が載っかっていて、いろんな部分をモチーフにして総社の歴史をトータル的に彷彿させるものという形でも問題はないと考える。</u>
デザインについてはもう少し考えてはみるが、今のところおおむねこの形でいかせていただければと思っている。
MB 委員：鬼ノ城の山門は平成につくったもの。朝鮮式山城の権威・ソウ先生に韓国へ行って話を聞いたところ「今つくってるのは全く幻想で、あんなものは現実じゃない」と。むしろ何もしないほうがいいと、盛んに言っておられた。
鬼ノ城の水門の形式から「あれは間違いなく百済様式で百済人がつくった城である。新羅の城ではないから、そのことはよく覚えておいてくれ」と。現実的にああいうものがあったわけではないのだから。だから<u>誤った歴史認識を植え付けるということは非常に問題があると思う。</u>それで、現実に残っている総社宮などは総社の一番中心となるべきものなので、そこはないがしろにするようなことはいかがなものかと思わざるを得ない。今のご説明を聞いている段階では、まだまだ研究不足かなと思わざるを得ない。ぜひそこをご認識いただきたい。
これから50年にわたってこれがシンボルになるわけで、市民の皆様にも歴史的な認識を植え付けることになる。そこをしっかり押さえておかな

いとどうなのか。将来にわたって総社市の教養がいかがなものか、ということが心配なので言っている。

O課長：今回は火の見やぐらの機能という形で思っている。デザイン的にはもっとシンプルなものに変えていくことも当然できると考える。鬼ノ城を彷彿させるということであれば、少しデザインを変えていくことも含めて今後検討していく。

T委員長：パブリックコメントをいただく上では、こういうコンセプトでイメージをしているという説明が必要になってくる。MB副委員長のおっしゃったことは大変重要なことではないかなと思う。

（以下略）

【私見】YA議員の事業費予算を削減する発議を受けて、MB議員（小委員会副委員長）は、ここでは展望台を問題視し自らの知見で力説していますが、市当局（O課長）の対応は以下のとおりです。

① 基本設計の段階にあり見直しは十分可能だが、個々の意見を出すことには否定的な発言をしている。何を言ってもダメと念押しをしているような姿勢。
② 展望台は、災害時に高いところから見ることができると肯定的。MB議員の発言の一部を切り取って、自分に都合の良い主張に置き換えるなど呆れるばかりの応答。
③ 総社の歴史を感じさせるものであれば、屋上に何をのっけてもよいという発言をし、何としてでも展望台と結びつけたい様子がうかがえる。事業費の削減など全く眼中にない様子。
④ 展望台についてのコンセプトは、この時点では確信的なものはなく「火の見やぐらの機能として考えている」と表明。

展望台に対する当局の姿勢や考えはこの程度のものです。それでも取り止めることを譲らないのは、余程大きな圧力があるのだろうと想像します。また、保身のための忖度であるのかもしれません。

　展望台についての議論はまだ続いています。

MB 委員：外観に関して、私の目で見て鬼ノ城の西門がのっかってるように見えてしまう。鬼ノ城はもともと西暦600年～700年代ごろに百済人がこちらへ来て、山城を築いて住み着いたといういわれがある。総社の歴史を語る上で重要なことだが、今ある鬼ノ城の西門というのは空想の世界の話。韓国のソウ先生にうかがうと「あれはまったく偽物で、あんなものがあるわけがない」と。それで「MBさん、鬼ノ城を改築するなら、本当はしないほうが一番いい。改築すると全部改悪になる」と。水門も「これはもう絶対百済の城で、新羅の城ではないから、そのことはちゃんと市民の皆さんにもお伝えください」ということを私は言われた。<u>やはり総社の名前の由来のとおり、総社宮を中心に栄えた街であることはもう今さら言う話ではない。</u>既存の最近の建物では、例えば総社駅もサンロード吉備路も総社宮をモチーフにした建物になっている。
では市役所の配置となったときに、どういった建物が総社市にふさわしいのか、後世にわたって市民の皆様に総社を愛してもらい、その歴史をちゃんと受け継いでもらうことを考えたときに、どういったシンボル的な建物がいいのかと考えたときに神が辻というのがせっかくあるわけだから、先人たちがつくったものを後世に伝えるという意味では、<u>やはり私は総社宮をモチーフにしてそれをデザイン化するのが総社のイメージにつながるという考え方である。</u>
だから<u>私はこの外観図は違和感があるということをまず申し添えておきたい。そこをぜひ取りまとめに加えていただきたい。</u>

一方でお金をかければいいというものではない。予算で抑えられることは抑えていかなければいけない。これは議会としてきちんと当局側に伝える、議会がその役割だと思うので、コンセプトとして予算面を十分に考えなさいということは議会が言うべきではないか。これもしっかり加えていただきたい。加えて、議会の中で財政見通しのことに関してきちんとした書類を提示して議会に説明をすること。これを提言に加えていただきたい。この三つをお願いしたい。
（休憩）
M委員：<u>展望台の有無を再検討してもらいたいと思うが、この設置目的がいまひとつはっきりしないので、そこも付け加えていただきたい。</u>
T委員長：つまりシンボリックとしての展望台は、コンセプトを明確にした上で再検討してもらいたいと。
（中略）
MB委員：<u>M委員が言われたとおり、結局展望台の役割。これが出ていない。</u>それで、建物のシンボルのためなのか、市民の皆様に展望台に上がっていただいて何かを楽しんでいただくとか、総社を愛していただくとか、そういうものにするということなのか。または行政上何らかの役割を果たすものなのか。そういったことがきちんと説明できてないので、ここはきちんとした説明を求めると、その説明がなかった。そうなってくると次の段階として、<u>この展望台がそもそも必要なんだろうかということを委員会として可か否かということも含めて、展望台に関しては議論すべきと考える。</u>
（以下略）

【私見】MB議員はさらに鬼ノ城西門について熱く語り、展望台を批判しています。M議員も、設置目的がはっきりしていない理由を挙げ、展望台が要るのか要らないのかを再検討するよう当局に迫っています。

しかし当局は強い圧力を背景に、展望台を死守する姿勢にあり、コンセプトさえ明確にすれば切り抜けられるぐらいの腹づもりではないでしょうか。また、それを後押しするようにMB議員はていねいにコンセプトのヒントを与えており、O課長は「して得たり。チョロイもんだ！」の心境ではなかったでしょうか。

　続けてご覧ください。

YA委員：先ほど、早ければ今週末からホームページ上に募集を出して、20日間をその期限とするという説明だったと思う。先ほどM委員も少し問題提起をされていたが、これはホームページにしれっと置きました、20日間たちました、もうパブコメは終わりました…というのは、これはちょっといかがなものかと思っている。
例えば、総社市の公式LINEや山陽新聞さんなど、あらゆる媒体に記事を出すとか。例えばその概要版。岡山市はイメージ図をぱっと出したときにかなり広がった。新しく総社の新庁舎を造るというのもひとつの大きなイベントだと思うので、できる限りアピールをして進めていただきたいと思うが、どうか。

O課長：公式LINE等に掲載することはできると思うので、考えてみたい。あと、そのほか新聞等について、今は基本的にはできましたよという形で皆さんお出しになられるので、特に記者発表などは今のところは考えていない。しかし何かの形で情報を提供する機会があれば、積極的になると手法を考えなければいけないので、なるべく多くの媒体を利用したいとは思うが、少し考えさせていただきたい。

T委員長：先ほど自由討議の中で皆様からいただいたご意見2点のうち1点は、展望台に関すること。設置目的を明確化していただいた上でご説明をいただきたい。もう1点は、財政見通し、今後の合併特例債の

上限よりかなり膨れているので、ご検討いただいて、予算面からも様々なことが分かるような財政見通しも含めたものをご提示いただきたい。

O課長：展望台の設置目的について現在考えているのは、ひとつは災害時等の、展望台というよりは火の見やぐら的なイメージというのを当初から持っていた。今もその機能的なもの、災害時等で全体を見回すということの１つの機能はあるというふうに思う。もうひとつはシンボリックなイメージ、外観的なもの。もうひとつは、市民の方に上がっていただいて親しみやすい市役所のひとつの手法としても使えればということで考えている。今のところはこの３点程度ということ。

財政見通しについては、合併特例債の期限等もあり、合併特例債の残りの金額をすべて庁舎のほうにつぎ込み、残りは起債なり基金で賄っていくという方針は変わりない。

合併特例債の金額は、今55億円ということを見越している。その55億円の70％が交付税措置をされるということなので、金額的には交付税算入額は38.5億円ということを、単純に70％を掛けた場合はそうなる。持ち出しについては、基本計画の段階では50.5億円となっていたが、それは88.3億円ベースで考えた場合。実際には残額として52.9億円が本市、市としての持ち出し、実質的な持ち出しになるのではないかと考えている。

（※筆者注：O課長は交付税について議員にいい加減な発言をしています。第２節４項で触れることにします）

（中略）

M委員：最初に火の見やぐら的なことと言われたが、カメラを設置すればいいように思う。最初から市民が行けるかどうか分からないという設置目的であれば、ここに書いてあるように展望ロビーを設置しますという、本当にもうこれは言葉だけになってしまう可能性があり、そこがもういかがなものかと思う。これはエレベーターをここまで通すのだろうか。そうなると、何か本当に設置するのがいかがかなというふうには思ってしまう。シンボリックという部分も、東面からしかこの立派なデ

ザインが見えづらいというところも気になる。
T委員長：これはこのままパブリックコメントに出すのか。
O課長：はい、今のところはそういう案のまま載せる。
（中略）
MB委員：展望台のコンセプトについて、あれをなぜつけるのか。外観的にシンボル的な、よく言うシビックプライド的な感じでシンボルに持っていくのにどうしても必要なものだということなのか。もしそれであれば、私はふさわしくないと思う。また、火の見やぐらと言われたが、当世で火の見やぐらというものが機能するものなのかどうか非常に私は不安だ。総社で例えば高梁川の堤防が決壊したかどうか、あそこから見えるのか。ドローンがこれだけ使われているときに、何か時代に逆行しているようなイメージはある。

また市民の皆様に展望台を盛んに使っていただくとしたときに、では何を見るのかということ。見てほしい景観があるのか。総社市外の方が総社に来られたときに、市役所の展望台へ上がって景色を見るというものであれば私は意義が非常にあると思う。例えば富山市は展望台をつくっている。そこから立山連峰を見てもらいたいということ。しかし総社の場合はそういう誇るべき景観をぜひ見てくださいというものには考えられない。

形式的に展望台と言っているが、総社のまちが見えるなあ程度のものだ。だからなかなか説得力に欠けるのではないかと私自身は思わざるを得ない。これを実際に市民の方にどう説明するのか、私は非常に不安だ。その点を十分に精査する必要があるのではないか。

O課長：今のコンセプトでは非常に不十分な面があるということなので、実際には設置の有無を含めて検討させていただきたい。
（中略）
N部長：展望台の件について、設置の有無、設置するのであればMB委員とM委員からもあったように目的を私どものほうもしっかり説明

ができるように、検討させていただければと思う。
　(※筆者注：N部長は、O課長の発言に不安を感じたのか、その後を受けて、「展望台は設置する方向で検討する」旨の発言をしています。後付けのコンセプトってありますか)
財政見通しについては、毎年秋に中期の５箇年の財政見通しという名のお示しをさせていただいているが、多分そこまではもう待てないということになろうかと思う。仮にこれが90億円かかった場合、なおこの財源がどうなるかで、それが起債で賄うなら合併特例債、合併特例債以外の起債、それから基金を積み立てさせていただいているので財源がどうであるかと、その起債を借りた場合、それは当然償還が必要になってくるので、この償還のシミュレーションが他の起債の償還も合わせてどうなるかどうかということを財政でシミュレーションをさせていただき、またご提示をさせていただければと思っている。
また、これの準備ができたら委員長のほうと開催日等については、財産管理課長のほうと相談をまたさせていただければよろしいでしょうか。
　(中略)
O課長：展望台についての有無を検討するということでございますが、それが決まってからのほうがパブコメは出すのがいいというご意見でよいか。
T委員長：このまま出して。
KB委員：このまま出すんだろう、具体的に。
　(休憩)
T委員長：(略) 次回小委員会については、パブリックコメントを経た後、当局において基本設計、実施設計、建築工事と作業を進めていかれることとなるが、その事業推進に伴い協議を要する旨の申し出があり次第開催すること。先般の財政見通しのスケジュール、パブリックコメントの回答。そのことを含めて次回の小委員会で検討させていただきたい。

【私見】O課長の展望台のコンセプトは「火の見やぐら」として機能するとしか言っていません。ところが、ここでは、次の3点を披露しています。

① 　火の見やぐら
② 　シンボルとして見ている（いわゆるランドマーク。これはもうすでに神が辻に立派な石積みが作られており、必要でない）
③ 　市民が上がって展望する

　これは、明らかにMB議員の発した言葉とリンクしています。MB議員は親切にもO課長に助け船を出していることになります。

　MB議員は、かなり否定的発言をしていますが「展望台は要らない」とはひと言も言っていません。「要らないのではないか」と明言しているM議員とは微妙にスタンスが異なっている印象です。MB議員は大義を貫くことなく、調整役に回っている様子もうかがえます。
　また小委員会、特別委員会のメンバー全員、近隣住民との関わりの中で展望台計画の見直しはまったくなされていなかったのは事実と言っても過言ではありません。住民の市民の信託を受けて選ばれた議員として、いかがなものかと思います。

　実際、この展望台の問題はどのような協議がなされて解決に至るのか、次の**第15回小委員会（令和3年7月13日）**で明らかになります。また、当局のパブリックコメントの扱いについても、どのような姿勢でいるかがわかります。

O課長：調査事項の2、新庁舎展望部分について。ご意見をもとに再度

検討協議をしたが、セキュリティーや安全面を考慮した上で、ぜひ市民の皆様が庁舎に訪れたときや、子どもたちの社会見学のひとつとして実施をしている庁舎見学のときなどに、総社市の街並みを高い場所から見て楽しんでいただきたい、10年後、20年後の街並みの変化を感じていただきたいと考えている。デザインや機能については、今後実施設計の中でさらに検討した上で、ぜひ設けたいと思っている。

KB委員：次の議題のパブコメには費用面を含めさらに検討していきますと書かれているが、今の説明ではもうこのままでいきたいということでいいか、このまま変更なしで。

O課長：今回、パブコメについては、回答を7月7日に既に出させていただいている。小委員会をまだ開いていない段階だったので、その段階では検討をさせていただくという回答をさせていただいている。

（中略）

T委員長：報告事項の1、パブリックコメントの結果について、当局の説明を求める。

O課長：基本設計案について、パブリックコメントは6月4日〜23日の20日間実施した。ご意見の件数は、総トータルで47件。内容としては、平面計画や立面計画、ユニバーサルデザインに関すること、災害対応、環境計画、専門的な設備などに至るまで、広範囲にわたるものだった。回答については、7月7日にホームページ上で公表をさせていただいている。いただいたご意見を参考に、検討が必要なものについては、今後の実施設計以降においても引き続き検討をしていく。

YA委員：パブリックコメントの内容によっては検討して反映させていくとのことだったが、今ある意見の中で特に取り入れる余地、前向きに検討するものがあれば紹介していただきたい。

O課長：特にこれというものについては、今のところ絞り込んではいない。ただ、検討すると書いているものについては、検討をひととおりしていく予定にしている。

YA委員：今のご回答だとそれ以上をお尋ねできない。
M委員：提出者が6名で提出件数が47件、6名の方が複数回出しているということか。
O課長：はい。
M委員：市内、市外、在勤の方にもアンケートを取ってると思うが、どういう割合があるか。
O課長：割合について資料を持ってきてないが、おおむね市内の方が多かった。在勤の方が1名か2名いらっしゃった。

パブリックコメントのまとめから　展望台について

（意見の要旨等）

立面計画	1件	7階の展望台について、必要性を検討したい。どんな時、どんな用途で使うつもりなのか。またそれが本当に必要なのかの議論がどのように進められたのかを公表していただきたい。なお、不必要となった場合の予算削減の程度も知りたい。

（市の考え方）

		展望台部分については、総社市としてのランドマーク・特徴的な外観、親子連れなどにも開放し親しみのある場所、安全に自分の街を眺められる場所などを想定しています。必要かどうかなどのご意見につきましても、費用面を含め、さらに検討していきます。

　O課長の発言は、従来の当局の方針どおりコンセプトを訂正しただけで、展望台は作ることを表明しています。その後を受けた質疑では誰も何も言いません。あれだけ熱く持論を語っていたMB議員も、不要論

第2章　新市庁舎建設に関わる問題点

を展開していたM議員も、他の委員も展望台については暗黙の了解をしたことになっています。「なぜ」としか言わざるを得ません。

　裏を返せば第14回小委員会から第15回小委員会までの41日間で、当局や展望台が要ると言っていた上の者（それはもう市長しかいないが）とで摺り合わせをしたのかと疑うばかりです。
　屋上を作る新たなコンセプトは「市民や子どもたちに展望台に上がって町並みを見て楽しんでほしい、堪能してほしい」というもの。
「子どもたちの社会見学」とも言っているのは、学校からの見学も想定しているのでしょうが、私が小学校教員をしていた経験から言えば、多人数で展望台に上がるのはいかがなものかと思います。一度に展望台に上がれるのはせいぜい10人程度でしょう。また、歩いてくる近隣の学校、園がどれほどあるのでしょうか。学校から子どもたちを連れていく時間すらないのが現状です。

　私たちの大切な血税をこんなことに使ってほしくありません。当局は、この展望台にかかる費用は「3,000万円程度」と言っていますが、完成してしまえばメンテナンス費用が今後の固定費になります。ただの3,000万円でも、節約できるところを積み重ねていけば、現在の事業費96億円まで膨らんでしまうことにはならなかったと想像します。議員から節約の提案、例えば議会場の外装を変更してはという意見もありましたが、当局は設計会社に丸投げで言いなりの状態にあるのかと疑うばかりです。

　展望台については1件（これは私ではありません）、市民からの展望台不要の声が上がっています。これに対して市当局の回答は「展望台をランドマークとし、親子で街を眺められる場所として作る」「反対の意見にはさらに検討していく」というものでした。どのように検討したか

は定かではありませんが「作らないでほしい」という市民の声は無視し「作る方向で検討します」ということのようです。

　YA議員の「前向きに検討するものがあるのであれば何か」との質問に、O課長は「とくに何も絞り込んでいない。しかし検討していく」と答えています。一体、パブリックコメントは何だったのか。「検討する」と言いながら、形式的に市民からの声を集めただけで終わらせています。初めから市民の声を聞く気がないのなら、市長が答弁した「市民が作る市役所」とはまったくかけ離れたことになります。

　ところで、展望台について、熱く語っていたMB議員とは異なる認識の議員も当然います。そこで、私は議員全員に意識調査をしてみることにしました。そこで明らかになったことを次に紹介します。

「新庁舎建設についてお尋ね」の意識調査（令和5年4月実施）

　調査用紙は22名の議員全員に送付。回答があったのは5名のみ。意識調査に協力していただけなかった議員の中には、わざわざ自宅まで返しに来られた方や、同封していた返信用の切手を郵送で送り返してきた議員もいました。

質問①
展望台ができれば近隣住民は天守閣のような鬼ノ城のような高い構造物が毎日、目に触れることになり、また展望台に上がっている不特定多数の人に生活を覗かれる不快感をもちながらストレスを感じながら生活していくことになります。近隣住民の声に対してどう思われますか？

A議員：個人的には展望台は必須とは思っていなかったが、総社市に

はデパートの屋上から展望する場所がない。鬼ノ城や瀬戸内海が見えれば子どもたちにロマンも生まれるのではないか。個人のお宅を覗く概念はそもそもなかった。付近にお住まいの方からそのような不安は聞いていない。

※（筆者注）展望台からは海は見えません。倉敷の市庁舎の屋上68mからでも海を見ることはできません。視察で行った尾道の市庁舎の展望台から眼前に広がる瀬戸内海に感動して、総社でも見えると勘違いしていたのではないでしょうか。A議員はアンケートが届いた時点でお知り合いの方に聞いたものと想像しますが、私たちも付近の住民です。この声に耳を塞ぐのはいかがなものでしょうか。

C議員：近隣住民の意見は、展望台については個人的には聞いていない。自身の情報収集が足りなかったことは認識している。

※（筆者注）常に市民目線で考え行動する立場にあることを忘れているようでは議員失格です。

質問②
市の広報紙では庁舎建設に関わる記事は4回掲載されていますが、そこに展望台ができることについての記述が一切ありません。9階建て相当の説明もありません。市民や近隣住民にわざとふせて、知られたくないという意図が見え隠れしますがどうお考えでしょうか？

B議員：全国約1,800の市町村庁舎には展望台と呼ばれるものがかなり設置されているのは事実。水害などを考えると、上層部にそれを設置することもやむを得ないと思われる。

※（筆者注）全国どこの市庁舎にも展望台があるといいますが、高度経済成長期ごろに作られたものも相当数あります。その中で神奈川県秦野市の庁舎の屋上展望台は経年劣化と耐震性が問題となり、工事費用3億円が必要となることから、富士山を眺望できる展望台は、

すでに撤去されています。またMB議員は小委員会で「富山市が展望台を作った理由は立山連峰を望めるからであり、総社市の計画している展望台については、眺望の面からも防災の面からも問題あり」と否定しています。また、総社市の姉妹都市の茅野市庁舎は、屋上展望台ではなくて、最上階に展望フロア（回廊）を作っているのは、八ヶ岳連峰などを眺望することができるようにと考えてのことです。B議員は「火の見やぐら」の必要性から展望台の設置はやむを得ないとしていますが、まったく役に立つものでないことは明らかです。市長に忖度してのことか、やむを得ないとまで記しています。

質問③
市長は「市民に寄り添った庁舎」「市民を一番に考えている庁舎」などの発信をしています。しかしなぜ、庁舎に一番近い近隣住民や町内の代表者を24団体に加えなかったのでしょうか？　近くに建てられる住民の意見も真剣に聞いてこそ、市民に寄り添い、市民を一番に考えることにつながるはずですが。

B議員：わからない

　新市庁舎に最も近接した町内に住む者としては、高い構造物ができて生活上でどうなのかと意見を聞く場が設定されても良かったのではと思っています。市長は市民目線で、近隣住民への配慮がまったくできていないことになります。

　質問③に続いて「近隣住民は市民にあたらないのか」と尋ねています。B議員は「はい」でも「いいえ」でもなく、自分で「その他」と記しています。私たち近隣住民を何だと思っているのでしょうか。50年前の元町筋の計画の際、「非国民」と叫んだ議員を思い起こさせるような回答

ぶりです。総社市の体質は何も変わっていないのかと思うばかりです。

2　署名活動で発覚した事実

　私は資料を持って友人知人、町内周辺を回って150名分の署名を集め、市長に展望台計画の見直しと中止を求める要望書を提出しました。その際に気がついたことは、新市庁舎建設の計画を知っている人は少なからずいたものの、**屋上に展望台ができることを知っている人はゼロ**でした。なぜそんなことになっているのでしょうか。多くの市民が目にする広報紙で、新市庁舎のことを扱っている紙面を振り返ってみました。最初の紙面は令和元年度3月号から始まっており、建設実施設計まで全4回でした。

市の広報紙（2020〔令和2〕年3月号）

これより先に「総社市庁舎建設基本構想」（平成31年4月）ができあがっていることに注目してください。ちなみに岡山市はアンケート調査をもとに構想ができています。

　2回目の広報紙（令和3年8月号）では、庁舎建設基本設計が紹介されています。この紙面を見る限りでは、展望台の紹介はなく、展望台部分は地上7階と表記されています。

　3回目の広報紙（令和4年12月号）で見たときから、私の「おかしい！」が始まりました。4回目の広報紙（令和5年3月号）は、建設実施設計ができ、建設に着手していくことを報じていますが、ここでも展望台ができることは伏せられたままです。

　問題は、2回目の広報紙では地上7階が同じものであるにもかかわらず、一部8階建てと変えているところです（実際は9階建て相当）。

　建設実施設計は、令和4年7月にできているので、3回目のイメージ図も実施設計のものとなります。

市の広報紙（2021〔令和3〕年8月号）

11月臨時市議会を開催

新庁舎建設に係る補正予算が可決

問い合わせ　総務課行政係（☎0866-92-8218）

新庁舎の完成予想図（イメージ）

11月1日、臨時市議会が開催され、令和4年度一般会計補正予算などが原案どおり可決されました。

一般会計補正予算は、令和6年度中の完成を予定している新庁舎の建設工事に関する経費1億9200万円の増額。昨今の急激な物価高騰を踏まえ、資材などの単価を最新のものとして事業費の見直しを行ったところ、今年度執行予定の事業費が既決予算を上回る見込みとなったため、補正するものです。また、令和5年度以降に執行される事業費は2億880万円の増額が見込まれていることから、新庁舎の建設工事に係る事業費は、全体として4億8000万円の増額となります。

市の広報紙（2022〔令和4〕年12月号）

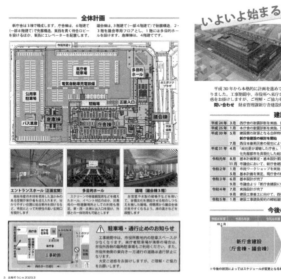

市の広報紙（2023〔令和5〕年3月号）

念のために次の号（令和5年4月号）も調べてみましたが、展望台についての説明は避けていることがわかります。
　展望台についての記述がないことを市当局に確認したところ「スペースがなかった」と回答していますが、下の広報紙の上空から見たイメージ図は前回（令和5年3月号）ですでに掲載済みです。

　このように広報紙の足跡をたどっていくと、署名集めの際、展望台ができることを全員が知らなかった理由がこれで確認できます。

市の広報紙（2023〔令和5〕年4月号）

ではなぜ展望台の計画を市民に伝えなかったのでしょうか。いろんな推測ができます。

❶展望台のコンセプトを持たないまま作ろうとしていたから
　ホームページの建設基本設計説明書・建設実施設計説明書では、展望台についての説明は以下のとおりです（詳細は市のHP参照）。

建設基本設計説明書より　2020（令和2）年5月
<u>PH（ペントハウス）</u>（筆者注：これは屋上階にあたります）**階平面計画**
新庁舎は地域においては高層の建物となるため、その高さを活かし、<u>誰もが市街地を俯瞰することができる展望ロビーを設置します。火の見櫓として、災害時にはまちの状況を目視で確認できる場となります。</u>

建設実施設計説明書より　2021（令和3）年7月
<u>8階平面計画</u>
新庁舎は地域においては高層の建物となるため、その高さを活かし、<u>誰もが市街地を俯瞰できる展望ロビーを設置します。</u>

　初めから展望台ありきの設計デザインであり、展望台のコンセプトについての表現が変わっているところに注目です。「展望ロビーを設置するために高層の建物となります」というのなら日本語として理解できます。「高層の建物にするから展望ロビーを作ります」というのはおかしくないでしょうか。ロビーの使い方も問題ありです。
　私たち近隣住民は圧迫感がないように高い構造物としないように、展望台の計画は中止してほしいと訴えています。

❷市長の基本構想から設計会社が忖度してデザインしたものだから
　平成31年4月にできた基本構想は、他の自治体のように市民アンケー

トや市民の代表者、有識者、学識経験者などが集まって構想を練り、仕上げたものではありません。他の自治体の構想を参考に、市長を中心に当局が仕上げたものと推測でき、市長の思い入れが相当に強くあったのではないかと想像します。

　そして、新市庁舎建設基本構想（平成31年４月）の第２章では「新庁舎建設の基本理念と機能」について、以下のように解説しています。

現庁舎の課題や新庁舎の役割、機能を踏まえ、新庁舎建設の基本理念として、「総社らしさ」を意識し、「総社市民と一緒につくる庁舎」を目指し、次の３つの柱を掲げます。

〇『総社愛』が凝縮した庁舎
〇災害に強く総社市民を守るたくましい庁舎
〇全国屈指の福祉文化先駆都市を具現化した総社市民に寄り添う庁舎

（１）『総社愛』が凝縮した庁舎
増大し変化する行政サービスに伴い、市民ニーズもますます多様化しています。その増え続ける行政需要に利用者側の立場に立って柔軟に対応するため、利便性の高い庁舎を目指します。また、総社市民と行政の協働により郷土への愛着を深め、心地よく、活力ある生活を送るための空間には、快適性と利便性を兼ね備えた環境を整備し、将来の人口増加を視野に、ゆったりとしたスペースの確保を目指し、市民交流の場として開かれた庁舎とします。さらに、総社市の情報発信スペース機能も確保し、利用者の動向を踏まえた十分な駐車場、駐輪場の整備も検討します。

（２）災害に強く総社市民を守るたくましい庁舎
平成30年７月の西日本豪雨災害の被災を教訓とし、水害、地震など災害

発生時に総社市民を守る防災拠点としての機能を強化していきます。また、優れた耐震機能を確保した庁舎を目指します。

（3）全国屈指の福祉文化先駆都市を具現化した総社市民に寄り添う庁舎
全国屈指の福祉文化先駆都市を掲げ、福祉王国プログラムにおいて様々な施策を展開していくうえで新庁舎にも施策の概念を取り入れ、新庁舎を核とした機能や設備などを検討します。また、案内板、トイレ、階段、廊下などさまざまな箇所にユニバーサルデザインの概念も取り入れ、市民に寄り添う庁舎を目指します。さらに、省資源、省エネルギー対策により、ランニングコストの縮減に配慮し、照明、空調システムなど省電力化を図り、環境に配慮した庁舎を目指します。

――――――

　基本理念では、「総社らしさ」を意識し、「総社市民と一緒につくる庁舎」を目指していることを表明し、3つの柱を掲げていますが、このキーワードを設計会社が忖度し、鬼ノ城の西門をヒントに火の見櫓となる展望台を屋上に設置するデザインとなったと考えられます。
　そのデザインは「総社らしい」ものではないことをMB議員は熱く語っています。M議員も防災拠点としての価値はあるのか反論しています。

　両議員の意見と重複するところもありますが、以下は私の見解です。
　基本理念の「総社らしさ」が何ゆえに鬼ノ城西門や火の見櫓につながるのでしょうか。設計会社は、近年脚光を浴びてきた鬼ノ城と城下町でもないのに歴史ある総社と言うだけで、安直にこのデザインにつなげている様子が見て取れます。あまりにも安直過ぎるこの発想を、市当局は金科玉条のように思って採用したのでしょう。
　第14回小委員会でO課長は「実際にはいろんな部分が載っかっていて、

いろんなモチーフにして総社の歴史をトータルに彷彿させるものという形でも問題はないのかなと考えていますので……」と答弁しています。

　総社の歴史というならば、豊かな吉備の国までさかのぼって入れるべきと考えます。吉備の国の豊かさは米と塩と鉄が作り上げたもので、作山古墳や黒姫塚、千足古墳・造山古墳（共に岡山市）など見逃せない古墳が数多くあり、特殊器台など貴重な遺物も多く出土しています。
　また、新本地区では古くから栽培されていた赤米の神事が今も続けられており、国内で赤米神事が残る地域は対馬と種子島と総社の3箇所だけで、今も神様と共に生きる市民がいることはとても誇らしいことです。江戸時代の享保年間に地区の山は留山にされ、山に入れなくなった村民の生活の苦しさを救うため、自らの命と引き換えに藩主に直訴し、村人の生活を守った四人の義人（四人衆）のことも忘れてはならない歴史的な出来事です。

　MB議員も主張しているとおり、総社市は324社の神々を祀る総社宮を中心にして栄えてきた門前町です。そして、大きな災害もなく豊かな土地で、総社市民は一層寛容な精神風土を育んできたものと思っています。

　設計会社や市当局はこのような総社の姿をしっかり認識したうえで作業や計画を進めてきたのか疑問です。市当局が「櫓」の意味を取り違えて新庁舎屋上にのせるというのは笑止千万です。ちなみに、総社消防署を新しく小寺地区に新築移転する際にも、この火の見櫓は不要として、消防署にすらありません。新市庁舎を「防災の拠点」とするにしても、火の見櫓が大して役に立たないことは、誰でも想像がつきます。

　最新テクノロジーを活用して、ドローンの活用やSNSで市民と連携

できる通信機能を充実させ、大型ハイビジョンTVなどで情報共有できるようなスペースの整備こそ防災拠点の目玉となるものです。そして平時には、子どもたちや市民などに開放して、防災教育や観光案内などに活用できる展望フロアを6Fに作れば、展望台など不要です。実施設計図では4Fの市長室の対面に平時は使わない災害対策本部室や大会議室を予定しているようですが、衆知を結集して作り上げたものなのかどうか、疑問です。

これはトップダウンの姿勢が招いた結果です。大胆な見直しをボトムアップの姿勢で臨み、展望台の中止と変更の試みをおすすめします。

❸近隣住民や市民が騒ぐと困るし、市長の性格を変えるのも無理だから、何事も起きないよう注意深くやっていくために市民に知らせない姿勢でいたのか

令和4年12月号の広報紙にあのイメージ図が掲載されていなかったら、当方は新市庁舎の全容を見るまでわからなかったでしょう。隠すなら徹底して隠すようにしてほしいものです。徹底の良い例としては、庁舎模型の展示がとてもわかりやすいと思います。

岡山市の場合、令和3年3月7日の新市庁舎基本設計（素案）の市民説明会を終えた後（平行してパブリックコメントの募集、結果公表もしています）、市民からの意見を精査した上で、1年後の令和4年3月30日に新市庁舎の模型が展示公開されています。そして、新市庁舎実施設計を検討し、令和4年5月29日に新市庁舎実施設計に関する市民説明会が持たれています。立面の模型も示しながら市民にていねいな説明ができています。

総社市の場合は現在、現市庁舎1階ロビーに展示していますが、初めてお披露目されたのは、令和5年2月16日、竣工式の最中でした。その

後はロビーに飾っておくだけで、市民の声を聞いて設計に活かすなどの作業はまったくありません。展示模型は決して安い物ではありません。イメージ図のパネル展示だけでも十分です。

　しかし、この時点で模型の展示をしたということは、工事が始まる間際であり、批判をかわすには最適なタイミングであったと感じます。演出のために無駄なお金を使うのはまったく同意できません。

　そしてこの竣工式では、新市庁舎建設のコンセプトは何かと問われた市長は、いつものように次のように答えています。

「市民を一番に考えているかどうか」
「市民を愛しているかどうか」
「市民に寄り添えるかどうか」

　近隣住民の私たちは新市庁舎だけでも圧迫感があり、展望台からは不特定多数の人に生活を覗かれるストレスを感じる生活を強いられるために、展望台だけは中止してほしいと市長に要望書を提出しています。しかし、市長の口からは中止の声を聞くことはなく「市民を一番」だの「市民を愛している」だの「市民に寄り添っている」などと、歯が浮くようなことばかり言っています。近隣住民を無視する姿勢は許しがたいものがあります。

　市当局もできるだけ騒ぎにならないようにと対応してきたことが、広報紙の取り組みであったように思われます。

　小委員会でのやり取りにもこんな一場面がありました。

【第15回新庁舎建設小委員会】令和3年7月13日

MB委員：市はこの外観図等を公表しないというが、これをどのように考えておられるのか。まったく公表しない方向でいくのか、どのタイミングで公表するのか。

O課長：まだ決裁段階だが、7月20日に出る広報紙（令和3年8月号）において、基本設計が完成したという記事の中で外観をお示しする予定にしている。

MB委員：市長お得意の記者会見など、マスコミ報道などはしないのか。

O課長：現在のところは予定していない。

（中略）

MB委員：新しい庁舎を造るというのは、最終的には市長決裁。議会も賛成は仮にするとしても、市長は正々堂々と、あれだけ記者会見が好きなのだから、やるべき。なぜそれをしないのかというのは、非常に腑に落ちない。

N部長：その件については、市長とよく協議をさせていただきたい。

　市当局の、できるだけ内密にことを進めようとする姿勢、議員につつかれてもしぶとくかわす姿勢がわかります。市民や近隣住民へのていねいな広報活動を避けてきた当局の姿勢です。近隣住民の反対にあわないよう、コッソリ作ってしまおう「やってしまったもん勝ち」の魂胆と考えれば、MB委員が腑に落ちないと発したことも十分腑に落ちます。

3　不信感いっぱいの市民代表のワークショップ

　市長は令和元年2月定例議会において『市民が建てた市役所』にした

いと答弁しています。そこで当局は市民からの代表者23名に参加依頼をしています。以後、この23名を市民代表者とします。

この23名によって都合5回のワークショップ・グループワークが実施されています。そして、その都度、設計会社からそれをまとめた冊子（数ページのもの）「そうじゃーなる」が出ており、その様子がわかります。

市民代表者の内訳は以下のとおりです。

・No.1～15：各種関係団体から推薦された者
・No.16、17：学識経験を有する者
・No.18～23：その他市長が適当と認める者

人選において他の多くの自治体の場合、市民代表者を決める際には公平性を担保するために一般からの公募により数名の参加者を加えているケースが見られますが、総社市当局はこの点についてはできていません。
また市長が適当と認める者が6名選ばれています。このうち4名は高校生、大学生です。若い世代の声を聞く姿勢は大切なことですが、市庁舎のこれまでの利用頻度や新市庁舎の計画についての経験値から、新市庁舎建設事業にどれほどプラスになるのか疑問です。またこの6名の中には、市長の主宰する若者塾からの採用がある点も気になります。
この市民代表には、近接した町内会の代表者や近隣住民を意識して採用している形跡はありません。そして、この市民代表者によるワークショップやグループワークは、市民が建てたといえるようにするための形式的なもので、参加者を利用しただけのことです。

それを確認するために当方は、参加者にアンケート調査を試みました。

参加者一人一人が自分の声をしっかり届けられたのか、5回の作業を終えて、どんな感想を持っているのか等をお尋ねしようとアンケートを作り、当局に住所氏名の確認をしに出向いたところ、個人情報は提供できないということで、それはかないませんでした。しかしながら、他の自治体では、参加者の名簿や集合写真まで掲載しているところもあります。そのため、当方がアンケートを同封し切手も貼って、当局で発送してほしいと依頼してみましたが、拒否されました。誠心誠意一点の曇りもなく、市民が主役で市庁舎を建てるということを考えているのであれば、対応していただけたのではないかと思います。

　後日、私の知人からの情報で複数の参加者から対面で声を聞くことができましたので、グループワークの内容とともにご紹介します。

　グループは「雲」「川」「緑」「空」の4つに分かれていました。そしてNo.1～No.18までは、ほぼスクランブルで分けているのに対し、市長のグループだけは「空」で固めています。なぜこのようなグループ作りをしたのか尋ねてみると、当局は「空グループは学生だから」という回答でした。しかし市長の若者塾から参加している女性は社会人です。当局の言っていることは要領を得ていません。

　ちなみに、若者塾に入っている市議会議員が、塾において代表市民への参加を表明していますが「ここは女性を」ということにしています。そして、市長の思惑どおりに采配していることが『そうじゃーなる』で確認できます。

　「そうじゃーなる」の制作は、総社市財産管理課と設計会となっていますが、企画から実施、まとめは設計会社が手がけています。なおこの資料は、情報開示請求で入手したものとなります。

活動内容
(設計会社がその都度まとめて『そうじゃーなる』を作成し、市民代表者が共有)

■第1回
令和2年1月25日(土) 10:00〜12:00
テーマ "総社市ってどんなまち？"

グループワーク①「総社市のここが好き」
グループワーク②「一日市長になって総社市をもっとよくしよう！」
グループワーク③「総社市ってどんなまち？」

Vol.1のまとめ（設計会社によるまとめ）
・「総社市ってどんなまち？」では、「歴史があるまち」「高梁川の存在の大きさ」「人のやさしさ」の意見が出た。
・<u>高層建築がないことが総社市に利点であるという意見にはっとさせられた。高層建築がなければ、日の光もよく届くし、見晴らしもよくなる。そういう考え方もあるのかと感じた。</u>※1
・世代を超えた交流の場、憩いの場の必要性を訴える意見も複数あった。

■第2回
令和2年2月15日(土) 10:00〜12:00
テーマ "市役所ってどんなところ？"

グループワーク①「現市役所見学」ハンディキャップの面をつけて市役所巡り
グループワーク②「今の市役所のいいところ、よくないところ」

Vol.2 まとめ（設計会社によるまとめ）
・ハンディキャップを持った立場でいつもの場所を歩いてみて、普段は見過ごしているような、いろいろな課題が見えたのではないでしょうか？
・「中庭があって明るい」「来庁者を向いた机配置がよい」といった「いいところ」、「案内表示が分かりにくい」「車イスの人が３階に行けない」等の「よくないところ」の意見が多かった。

■第３回
令和２年７月４日（土）10:00～12:00
テーマ "総社愛にあふれる新しい市庁舎をつくろう"

グループワーク①「新しい市庁舎はどんな庁舎がいい？」
グループワーク②「総社愛にあふれる市庁舎とは？」

Vol.3 まとめ（設計会社によるまとめ）
・意見の中で際立って多かったのが、障害のある方、高齢者、外国人等社会的に不利な立場にある方々への配慮を求めるものでした。「福祉文化先駆都市」を標榜する総社市ですが、市民に深く根ざした思いなのだろうと感じました。
・歴史の尊重を求める意見もたくさんありました。※２

■第４回
令和２年８月８日（土）10:00～12:00
テーマ "市民交流の場について考えよう！"

市民交流の「参考事例紹介」を見る

グループワーク①「まちを盛り上げるために何をしよう？」
グループワーク②「どんな機能があればいい？」

Vol.4 まとめ（設計会社によるまとめ）
・今回と次回は「市民交流の場」をテーマとしています。総社市でもさまざまな市民活動が行われています。その活動の元となる市民交流の場を新庁舎に整備するにあたり、実際に利用する市民の皆様と一緒につくっていこうと考えてのテーマです。
・さまざまな活動の発表、生活に役立つ情報の講演会、各地の特産品の直売などの各種イベントの開催で、これらを実現するために、多目的で土日も使える広いスペースを求めるものでした。

■第5回
令和2年9月12日（土）10:00～12:00
テーマ"市民交流の場をつくろう！"

平面計画について説明を聞く
グループワーク①「もっと楽しく使いやすくしよう！」

Vol.5 まとめ（設計会社によるまとめ）
・前回に続き、「市民交流の場」をテーマに考えていただきましたが、今回は平面や模型で計画案を見ていただいたので、そこでの活動をイメージしやすかったのでは…
・多目的ホールや市民ギャラリーに関しては音響への配慮、自由に弾けるピアノやスクリーンの設置など、使うことを想定した意見が多くありました。
・バリアフリーに関する意見もたくさんいただきました。

【私見】
　Vol.3に対し、これらの声で外観のデザインにつなげていったことが想像できるが、福祉文化の意識を具体的にフロアに落とし込んでいるかは疑問です。
・新庁舎の基本構想の中で、すでに基本理念（P91）の3つはでき上がっており、その中の「総社愛が…」のみグループワークしているが、あとの2点についてはなぜか触れていない。
・次回からはおもに市庁舎の使い方について、多目的ホール（コンサートホール）とその周辺の使い方についてグループワークを求めている。多目的ホール有りきの平面図でワークさせている。※3

　Vol.4・Vol.5では、平面図の中で、市民の交流の場としてどんな活用ができるかの問いに「BBQができるようにしたい」「調理施設があるとよい」「市役所ピアノ」「ゆっくり読書ができ、コーヒーが飲めるようにしたい」などのアイデアが出ているが、市役所以外でやってもらいたい。
・そもそもこのスペースが2層階で、必要な空間なのか、誰が使うのが一番ベストなのかという議論は棚上げになっている。
・設計会社から多目的ホールありきで与えられたテーマに、皆がはしゃいでワークしている印象を強く持つ。

　Vol.1～Vol.3のまとめは深掘りされないまま、消化不良のままで終わらせているように見える。この程度の市民代表者のワークショップで、果たして市長が答弁した「市民が建てた市役所」になると言えるのか、疑わしい限りです。

※1※2※3から、設計会社が取った不都合な点を指摘しておきます。

※1　設計会社のワークショップ担当者はまとめの中で「高層建築がないことが総社市の利点の意見にハッとした」と感想を述べています。そして、その利点に共感している様子すらうかがえます。

※2　「総社の歴史の尊重を求める意見もたくさん出ていた」ことも記されており、市民代表の方々は真摯に作業をしていたことが少なからず伝わってきたところでした。こう見てくると、市民代表者の意見は「高い構造物となる展望台は不要」と言っているようにも見えるし、また、MB議員と同様に「門前町として栄えてきた総社の歴史を重視すれば、鬼ノ城西門のような火の見櫓を屋上に設置するのは相応しくない」と言っているようにも見えます。ところが最後の最後に、例の「空」グループから「市内が一望できる展望台が必要」というような意見が出ています。ワークショップを進めていく中で、市長や当局、設計会社の思惑から外れてきたために「空」グループの参加者に言わせたとしか考えられないような様子が伝わってきます。まさに〝やらせ〟です。

※3　多目的ホールありきで、Vol.4、Vol.5のとおりのワークショップをさせており「空」グループが大いにはしゃいでいる様子を見ることができます。

　ワークショップに関わった設計会社や当局の姿勢に対し、市民代表者はどう思っていたのか。アンケート未実施となったため、複数の参加者と直接対面して聞き取ったものが以下の内容です。

・執務が機能的にできるように、現状の狭さや、混雑がどうすれば解消

できるかの方に気持ちが集中していた。しかし、設計会社は、外観にこだわっている様子が見受けられ、外よりも内が大事との思いとはかけ離れたものを感じた。
・市役所に来る人は、いろいろな手続きや困っている人が大半の中で、多目的ホールやイートイン、展示場などでワイワイやっている状況が生まれるのはいかがなものかと感じた。
・若者（市長が適当と認めるグループ）は、あれがいいこれがいいというような発言をしていたが、知識や経験は余りにも少なく、眉をひそめる発言も見られ、未経験者の発言を一方的に取り上げるのはどうかと思った。
　（このグループが展望台を提案しています）
・展望台のイメージ図を見せられた時、こんなことは想像だにしていなかった。市庁舎の屋上に要るものとは思えないもので、私の中で拒絶反応があった。
・展望台については、要らないという意見もあったが、設計会社は耳を貸さない状況が見られた。市の既定路線は変更しない様子で、声を上げていた人は黙ってしまう様子が見られた。
・市長のトップダウンのあり方は、現場の創造力を欠き、活力のある市政とはとても期待できないところまで来ていると思っている。
・ワークショップは、もう路線ができていて、設計会社や市の思い、思惑というか意図というか強く感じた。
・5回のワークショップの開催の内、コロナで第2回と第3回は5か月近く中断して、この間に設計会社は適当な内容でまとめている印象を受け、問題があるように感じた。
・組織の代表で来させて頂いているので、言いたいことも言えないでいました。

以上、令和5年7月末現在

　市当局が拒否した市民代表者へのアンケート調査ができていたら、もっと詳細が明らかになったのですが、それにしても市民をやらせで利用するようなことはあってはならないことです。

4　総社市環境基本計画、総社市環境保全条例はあってないものに

　総社市には、総社市環境基本計画（平成21年3月）並びに総社市環境保全条例（平成19年3月）があります。
　環境基本計画の目標には「周辺の環境に配慮した景観保全に努めることや、街の美観に努めること、住みよい町の形成に努めること」が示されています。環境保全条例では「市民の生活環境を保全し、市民の福祉（幸福）に寄与する」ことが示されています。

　ただし、環境基本計画は平成31年3月に改訂され「第二次環境基本計画」が出されています。第一次と比べると、内容が非常に簡素になり具体性に欠けている嫌いがあり、わかりにくいところは、第一次に返って見ても良いかと考えて、今回は第一次の計画内容で説明することとします。

　第1章第2節7項で触れた「市役所通りの街路樹の撤去」「公園の樹木の伐採」は、これらの計画や条例で守られているはずなのに、いとも簡単に、慣れ親しんでいる緑の景観を台なしにしてしまっています。これと同じようなことが、新市庁舎建設でも実力行使のように、近隣住民の存在や生活を無視して、そして市民にも分からないようにやってしま

おうという状況です。本章第2節2項の市当局の広報活動と同じです。
　この計画や条例を把握した上で、設計会社にも十分注意を喚起して設計の依頼をしたのかを問い質したのに対して、当時のN部長は、いつもの口調で開き直ったように「設計会社には渡していません。何も言っていません」という回答でした。

　これについてはYB議員とも話す機会があり、その際議員は「議員も市職員も、このような環境基本計画や環境保全条例があることは知らないまま仕事をしている現実があります」と話しています。第1章第1節の元町筋の道路改修の際にあったことと同じことをやっており、情けないというか歯がゆいばかりです。

　市当局は、これらの環境基本計画や環境保全条例を念頭において、新市庁舎を含めその周辺をどのように作っていくのか、問題は山積しているにもかかわらず、その計画のグランドデザインは全く持ち合わせていないままで新市庁舎の建設を急いでいます。
　問題というのは、狭くなった駐車場、中央公民館・市民会館等の老朽化と耐震問題、市内中心部の電線電柱のあまりにも見苦しい景観等々を挙げることができます。

　新庁舎建設小委員会においては、これらの問題について、グランドデザインができていないが故に、とんでもない議論がなされています。その実際を、新庁舎建設小委員会の第2回（令和2年1月31日）、第4回（令和2年2月12日）、第5回（令和2年2月20日）の資料抜粋の一部（①～⑧）からご確認ください。

資料①

MB委員：庁舎だけでなく、全体的にこのエリアを今後どんなふうに、シンボル的なゾーンにするのかという計画をどのように描いているのか、それが当局にあるのかないのか、その点をまず教えていただきたい。

N部長：執行部だけで要不要を決めるのではなく、市民ギャラリーや食堂などについては市民ワークショップの中でもご意見をいただきながら決めさせていただければと思っている。

第1回目では総社らしさについてを検討していただいた。第2回目は現在の庁舎の状況を市民ワークショップの委員に見ていただこうと思う。その上で良い点、悪い点、どんな課題があるかを見ていただき、市民ギャラリーや食堂についても職員用だけでなく例えば一般の方も使えるものが要るのかなど、ご意見を聞きながら今後協議をしていきたい。

具体的にこういう構想でやっていこうなどというものは、いま現在まだ検討ができていない。いずれかどこかの機会でそれをお示ししたいと思っている。

資料②

MB委員：市民の皆様に使っていただき、石原公園を職員や市役所の車、公用車の駐車場にするとか、南幼稚園の北側の公園も駐車場に変えて今後に備えるとか、そういった方式にしていき、徐々に整備を進めていくという根本的な考え方をもって、庁舎だけとは考えずに、次につながる整備計画を立ててほしい。

N部長：駐車場不足について、公用車と来庁車については何とか賄えるようにということは当然計画をしている。今後は石原公園を駐車場としてお借りしなければならないこともあると思う。そういった周辺整備も今後よく研究、検討しながら、全体の中での庁舎建設ということで考えさせていただきたいと思う。

MB委員：あの公園を実際に使っているのかどうか、遊具を使っているのかどうか、高齢化が進んでいる中心市街地で、あの公園がどう機能しているのかなどもすべて踏まえて、不要なものは撤去して有効利用していく、機関車D51もあるが本当にあそこにあっていいのかどうかなどの議論も含めて一体整備をしていただきたいと思う。

N部長：担当課とよく連携をとりながら、そういったものも研究して、より良いものにしていきたいと思う。

KC委員：視察を通じてこれは大事だなと思ったのは、1階は駐車場にし、2階のベースのところが1階になるということ。いま気候変動が起きており、高梁川が決壊しないという保証はない。その場合ここは絶対に浸水すると思う。だから1階は駐車場、2階層を1階にしていくということを考えておられるのかどうなのか。そういう考えはあるのかどうか。

資料③

O課長：現在の考え方としては、1階部分が執務部分、市民対応部分という検討をしている。洪水などの対応については、地盤を1.2メートルほど上げ、あとは止水板を設けるなどの形はある程度は考えている。ただ、1000年に一度などと言われる、20メートル程度のものへの対策となると、現状のままでは難しい部分は出てくる。そうすると、1階を駐車場にしても、2階部分も浸水してしまうので、今のところは通常程度の3メートルほど、ハザードマップに対応できる程度の洪水対策を考えながら、1階も執務スペースで使っていけたらという計画をしている。

資料④

T委員長：調査事項の4、周辺整備について。市民会館、中央公民館、勤労青少年ホーム、石原公園遊具等の耐用年数、耐震性を検証して、これら複数施設をトータルで議論し、一体的計画を策定することとあるが、

この辺に関してはどうか。

KB委員：これは当局へ提言するのか。今回庁舎を建てるにあたって、周辺整備のことも考えて設計計画を作ってくれというふうに、この委員会で決めて提言すると。

（中略）

MB委員：当局から資料請求していただきたい。それを踏まえて、市民会館はあそこでそのままいくのか、中央公民館はあそこでいくのか、年次的な計画が出てくると思う。そこで一体化の計画がある程度分からせなければいけない。だから、耐用年数や耐震化など、これからどの施設を活用していくのかというのが見えてこないと議論できないと思う。

資料⑤

MB委員：庁舎建て替えに関し、例えば市役所の敷地内であれば、西庁舎を倒すと社協の建物は耐震ができている。しかし中は老朽化が進んでいるという問題がある。また市民会館、勤労青少年ホーム、それから中央公民館等、実際どのくらいの年数を耐えられるのか、現状どのくらい利用しているのかなど、まず現状の確認をする必要があると思う。

庁舎の建て替えに限らず、やはり周辺との一体化した計画性を持つ必要があると思うので、その現状の確認をさせていただきたい。是非次回は当局の担当者を呼んでいただき、その現状確認の場を作っていただきたい。

T委員長：それでは本件については当局との協議が必要だという判断をしたので、次回の協議には当局との所管事務調査という形でおこない、取りまとめを進めてまいりたい。

資料⑥

MB委員：身近な話だと考えたときに、では中央公民館はあと何年総社市が使おうとしているのかという話になってくる。市民会館はあと何年、

図書館はどうなのかと。ギャラリーを併設するとなれば、図書館の上にあるギャラリーだって今後活用しなくなると思われる。
そういうことが有機的に関与してくるということを私は言いたい。だから現行の市民ギャラリーが何年もつのか、図書館の上のギャラリーが何年もつのかということになってくれば、自然と市役所の方へ併設したほうがいいのではないかということになってくる。そのことをはっきり議論しておかないといけない。まずその点からお答えいただきたい。
O課長：現在ある施設、中央公民館や勤労青少年ホーム、そのほかの施設にしても、一応地図の下、6ページに耐用年数等を明記させていただいている。実際、市民会館も勤労青少年ホームも耐用年数をもう少しで過ぎるという状態になっている。それらの施設をどうするのかということは、まだ結論が出ていない。長寿命化するのか、建て直すのかということはこれからの話と考えているが、そこはこの施設だけに限らず全体的、市の所有する施設全体に関わってくる。
FM計画にも影響が出ると考えているが、そのFM計画についても現在、個別の施設計画をこれから作成するという段階であるため、今のところ結論が出てないというのが現状である。
市民ギャラリーについて、市役所に設ける施設として、多目的に使う施設として、市民ギャラリーに限定する施設ということではなく、市民ギャラリーにも使えるし、災害時にはほかの形で使うなど、一般的に多目的に使えるスペースというものを考えているので、実際は市民ギャラリー限定ということではなく、あちらが要らなくなるという考え方ではなくて、あちらも使いながら、足りない部分を補うというイメージで作っていく必要はある。多目的な利用というものを考えている段階である。
MB委員：そういうことを言っているのではなくて。例えば中央公民館ができたのが昭和48年。ならば新しい市役所を建てた場合、それから50年もつのかというと、そこまでは耐え切れない。耐震化もできてないのに。ならば自然とここは倒すときが来るわけで。耐震化をしなければ。

多分しないでしょう。今はっきり言えないと思うが、そういうことが想定できないか。あとで「市役所つくるときに、こういうものも兼ね備えたものにしたら良かったな」ということにならないか、ということを言いたい。

そこがちゃんと市役所に加味されている、市役所に代用できるスペースを確保しているということになれば問題ない。しかしそういうことをまったく考えずに作ってしまったら、もう一度これを建て直して使うという方向になってしまうときに、これだけ市役所の敷地が狭い、駐車場もないスペースで、さらに狭くなるのではないかと。使い勝手が悪くなるのではないかと。そこを議論する絶好のチャンスだということを言いたい。それを聞いている。

だから、今の答弁を聞いても、<u>総社の将来像がまったく浮かんでこない。現行のままで変わらないのだなと。これから年数がたって、時代がどんどん変わっていくのに、旧来型のことをやるのだなと。</u>それでいいのかということだ。そこが見えてこないから聞いている。そこを検討する必要はないのかということだ。だから、今検討してないと言うならば、検討する必要はないのかということだ。検討する必要はないと言うのであれば、別の方法を考えなければいけないと思う。検討するかしないか、そこを問うている。今は検討していない。今後これを契機に検討するかどうかということ（※合併後、早急にグランドデザインを持っておくべきところを今になって、ハチの巣をつつくようなありさまです）。

資料⑦

O課長：検討するかしないか、ということであれば、検討はしていく。

N部長：6ページに今の耐用年数、耐震診断の結果をお示ししている。中央公民館、勤労青少年ホーム、特に中央公民館については耐震診断の結果、耐震改修、補強は必要ないという結果が出ている。勤労青少年ホームについては未実施ということだが、今委員がおっしゃるように勤労

青少年ホームと中央公民館、同一の延べ床面積、同一の機能がすべて新庁舎に持ってくることができるかどうか、また縮小してでも持ってくることができるかということについては、先ほどOが答弁したように多目的ホール等を有効活用してどういった形ができるのか。
これについては当然検討していく必要があるというふうには思っている。

資料⑧

KD委員：庁舎はこの南側に建てるという話がずっと進んでいる。昭和44年、ここに新しい市役所を造ったときには、ここは何もなかったところ。結構広い土地だったと思う。その土地が、福祉センターや西庁舎ができて次第に手狭になって、思い切って別の場所に出たほうがいいんじゃないかという意見を持っていた。これから先、総社の地域を考えると、今住宅がどんどん建っている。職員は、今車をどこに止めているのかということも聞きたい。

だんだん駐車場もなくなり、職員は遠くに車を止めて、ここまで歩いてこなければいけない。まだ総社市の地域公共交通も整備されてない中、もっと公共交通が使えて、大きな国道やバイパスができるということがあれば、そういうところに新しい庁舎を建てるべきじゃないかという意見を持っていた。決まってしまえば、その意見をいくら言ってもしようがない。その辺の考えはどうなのか。

N部長：庁舎の建設場所については、こちらの基本構想を作成する段階で我々内部でもよく議論をした。パターン的には、この庁舎を倒してここに建てる、またはこの庁舎を残しながら南に建てる、または市民会館を倒して建てる、委員がおっしゃるように、新たな場所に移設するということを様々に検討した。その中で、新たな場所を求めて庁舎を建設するとなると、立地適正化の誘導区域等の関係もある。当然公共下水が設置されているところが望ましい。

いろいろなことを検討したが、新たな土地を求めていく場合には土地購

入費がかかり、その予算的なことも検討した。規模、利便性、建設費、予算等を考えると、現庁舎を残して南側へ建てるのがベストであると基本構想の中では検討した結果を掲載もしている。今のまま南へ建てさせていただきたいということである（※序章では高くつくと言っている）。

KD委員：南側に建てるということになれば、工事車両もひっくるめて、ほとんど駐車場は使えないということ。その場合、駐車場のスペースはどこに造るのか。

　これらの議論は、令和2年1月・2月におこなわれており、市当局が新市庁舎建設に向けて舵を切り、庁舎建設基本構想を元に庁舎建設基本計画を取りまとめている時期と重なります。

　資料①のMB議員は、市長が市中心部をシンボル的なゾーンにする計画を持っていることを指摘しています。
　MB議員は新市庁舎建設とともに、市中心部をどのように整備していこうとしているのか、問い質していますが、市当局は何の計画もグランドデザインも持っていないことが明らかになりました。
　市長の「シンボル的なゾーン」というのは、新市庁舎屋上に、当初は火の見櫓と言っていた展望台を設置することで、これを総社市のシンボルとするという考えとつながっていきます。市中心部にはすでに「神が辻（カミガツジプラザ）」にシンボル的なランドマークとなる石積みが配置されており市民から「2か所も不要」という声も聞き及んでいます。
　また、この展望台の形状は、鬼ノ城西門のパクリでもあり、総社のまちをイメージして作られた神が辻とは全く相いれない、ミスマッチのものであることは、第2節1項で確認しています。街並みと新庁舎のイメージ図や都市模型を設計会社が用意し、小委員会、市当局に提示しておけば、議論の際に大変参考になるものですが、まったくできていません。

展望台の高さから俯瞰した町並みも簡単に作れるところを、手抜きをしています。なぜこんな会社を選択したのか疑問です。

　MB議員が熱く語ったとおり（第2節1項を参照）、「火の見櫓」を庁舎の屋上に設置すること自体がナンセンスです。しかし当局は「子ども達に町並みを見せる」ことを最終のコンセプトに変更して、展望台ありきで押し切っています。なぜ押し切るのかは、まさに、市長が「市中心部をシンボル的なゾーンにする」と発しているからに他なりません。
　大義があるのは、当然MB議員です。私たち近隣住民も展望台はやめてほしいと訴えているのですから、市長は近隣住民にもしっかり寄り添ってほしいものです。

　私が強く訴えたいことは「市中心部の整備計画を、今になって、この小委員会でやることか」ということです。平成17年3月に合併すると同時に新しいまちづくりの計画を立て、新市庁舎を含めた市中心部のグランドデザインを描くことを、何でほったらかしのままにしていたのか。市長や市当局、市議会議員は、この17〜18年の間に何をしていたのかということに尽きます。合併した2村も不満を募らせているのではないでしょうか。

　KD議員の発言のように、新市庁舎の場所の選定については市中心部にこだわる必要はありません。中心部から離れて新しい場所に移転すれば、相当広い更地ができることになり、それを活かして跡地の町の再開発も可能です。そんなことは考えもせず、関係者が自分たちの城作りにだけ口角泡を飛ばしているのは、情けない限りです。

　最後に駐車場について。
　KC議員は資料②のとおり、視察で得た知見をこのたびの新市庁舎建

設で活かすよう提案しています。当方も駐車場が狭いことの解決策として、KC議員の意見に賛成です。
　私は半地下駐車場がベストと考えています。その理由は以下のとおりです。

㋐かなりの駐車台数の確保が可能
㋑１Ｆの執務室へいくのも階段やスロープを使う負担が軽減される
㋒水害時の想定している浸水（市中心部は1.0〜2.0m）をクリアできる

　ところがこの地下駐車場についてはまったく目を向けず、Ｏ課長は資料③のような「1000年に一度の洪水が発生したら、市内の浸水は20mになる」と何の根拠もない発言をしています。想定最大規模Ｌ２（レベル２）では３ｍの浸水としていますが、水害時の避難場所は１Ｆの多目的ホールを想定しているようです。止水板の設置で対応すると回答していましたが、避難場所は庁舎の上の階を想定していれば済むことです。
　第１章第２節５項で触れたように、洪水を起こさせないよう、まず高梁川の天井川化を元に戻すことが急務です。

5　膨らむ事業費と交付金のヒミツ

　今回の新市庁舎には地下を利用しない理由としてＮ部長は声を大にして「ザブ田じゃけ」と言い放っています。確かに市役所の南を流れる用水路（小川）の周辺は、かつては田んぼが広がり、大水になると一面田は浸かってしまい、米を作るには少々やっかいな所でした。
　しかし、小川には浅い湾処もあり、近年注目されているビオトープそのもので、水中の生き物を眺めていたり、捕まえてみたり一日中遊んでいても飽きないところでした。

その湾処の水がいつも澄み切って綺麗だったのは、伏流水が絶えず湧き出ていたからで、その近くを埋め立てて市役所を建てているために、今回の建て替えで、また掘り返していけば水が出てくると思い、Ｎ部長のザブ田発言につながったことと思います。

　現市庁舎にも地下食堂（今は使用していない）があり、50年前でも地下は作れていました。今の時代になってできないと言うことは辻褄の合わない話です。そこにはザブ田ではなく、また別の問題があったからと推察します。

　さてここからが本題です。新市庁舎は、「優れた耐震機能の確保」から、耐震を「免震構造体」に決めつけて走っています。
　耐震構造の形式は次ページのとおり、3種類あります。

　このうち、市当局は免震構造体を選択したために、地下の利用が不可となり、地下駐車場の設置にまで至らなかったことが理解できます。
　岡山市はＢ２Ｆに地下駐車場を予定していますが、免震構造体を採用しています。地下から4Ｆまでを制振構造体で、4Ｆと5Ｆの間に免震装置を設置する中間層免震構造体を採用しているために、地下を有効に活用することができます（118ページ参照）。
　岡山市庁舎周辺は、元は海に近く海岸低地とされ、液状化危険度分布図で見ても、危険度は「極めて高い地域」に入り、明らかに軟弱であることが予想できますが、それでも制振構造を採用しています。

	耐震構造	制震構造	免震構造
モデル ←→ 地震時の動き	柱を太くすることで頑丈な建物にする	制震装置で揺れを吸収	免震装置が地震力を吸収 免震ピット
構造概要	建物自体が地震で生じる揺れに耐えられる強度に造られている構造	建物に制震装置(ダンパー)を組み込んで地震力を吸収する構造	地震力を吸収する免震装置を設置し建物の揺れを制御する構造
耐震性	耐震保有性能(保有体力)を一般の建物に比べ1.5倍割り増しすることで耐震安全性を確保する		
安全性 (家具などの転倒防止)	地震の揺れを直接受けるため、家具などの転倒防止対策を講じることにより人命の安全性が確保される	地震の揺れをある程度受けるため、家具などの転倒防止対策を講じることにより人命の安全性が確保される	地震の揺れを他の構造に比べ抑制できるため家具などの転倒防止効果が高く、人命の安全性が確保される
建物の制約	地下(免震ピット)を設けず合理的な基礎形式とできる	制震部材を設置するために空間の自由度の制約を受ける	地下(免震ピット)の設置や建物周囲にクリアランススペース(周囲約2m)を設ける必要がある
工事費 (指数)	1.00	約1.05	約1.15
工期 (指数)	1.00	1.00	約1.15
ライフサイクルコスト 維持管理	一般的な維持管理費は必要で、中地震や大地震後は、構造体・仕上材の軽微な損傷が発生する可能性があるため修復コストもかかる	一般的な維持管理費はほとんど必要ないが、大地震後には臨時点検が必要となる	免震装置のメンテナンス費用が必要となる ※竣工後5年、10年、以後10年毎の点検と毎年の定期点検及び地震時の詳細点検が必要となる
その他	特になし	一般的に鉄骨造、高層建築物に利用される	想定外の動きの場合、非免震部と躯体が衝突する可能性が考えられる 液状化する地盤の場合杭周を補強する必要がある

構造形式比較表

耐震構造の3形式(総社市市庁舎基本計画より転載)

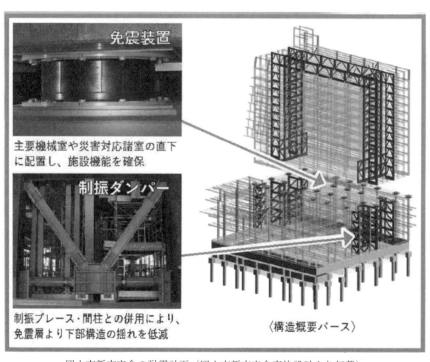

岡山市新市庁舎の耐震計画（岡山市新市庁舎実施設計より転載）

　岡山新市庁舎は、地階から4Fまでは制振構造体で、4Fと5Fの中間に免震装置を設置。17Fまでを支える設計になっています。

　では総社市はなぜ、制振構造を選択せず免震構造に走ったのでしょう

か。それは市長の「唯我独尊」的な発想でしかないと思ってしまいます。
　総社市には活断層があるわけではなく、近隣の断層といえば小田川くらいです。また、日羽地区から北の地層は非常に硬い岩盤でできていることも岡山大学の教授と共に歩いて学びました。扇状地として形成された総社市中心部が、たちまち震源地となって強度の揺れが発生するとは考えられない地域です。震度5程度であれば、総社市の新市庁舎は免震構造でなくても、制振構造あるいは耐震構造でも問題はありません。
　前出の表のとおり、免震構造でなければ、まず工事費が抑えられます。定期的なメンテナンスも不要となり経費節約につながります。そして岡山市と同様に地下駐車場を整備すれば、100台近い駐車スペースの確保が可能となります。

　デメリットとしては、揺れが免震構造より大きいため、家具の転倒防止が必要です。しかし市庁舎の場合、書類庫は腰の高さ程度で、転倒防止対策はさほど多くはなさそうです。しかるに「たくましい庁舎にするんだ」と、免震構造に走っている様子に、冷静な判断ができていたのか疑うばかりです。また、本庁舎は免震構造体ですが、隣の議会場は耐震構造体を採用し、横にくっつける計画です。揺れ方の異なるものをくっつけて並べるのは大丈夫なことかと、素人ながら心配しています。

　次に、新庁舎建設基本計画と新庁舎建設基本設計で示されている工事費の指数を見比べてみると、疑問に思う部分があります。
　工事費の比較で、免震構造はほとんど変わっていないのに制振構造のほうは、基本計画では基準の耐震構造に近い1.05であるのに、基本設計では免震構造に近い1.15（115）となっています。
　あとから出てきた基本設計の数字だけで見れば、「制振構造は免震構造と金額的に大差なければ、揺れの小さい免震構造にしたほうがいい」となります。

業者にとっては、これから先ずっとメンテナンスに入れるという美味しい話にもなります。市当局に制振構造の指数が変わった根拠を提示してほしいと問い質しをしていますが、市当局は「わかりません。業者の方の感覚で数字が上がったのではないか」のような返答でした。新庁舎建設小委員会でもここら辺りのことは確認できていないようで、口惜しい限りです。
　このような免震構造の採用や展望台の設置は、事業費を拡大させ、メンテナンス費用も発生させることになります。私たちの血税をこんなところで無駄に遣ってよいのでしょうか。

	耐震構造	制振構造	免震構造
	柱を太くすることで頑丈な建物にする	制震装置で揺れを吸収	免震装置が地震力を吸収
大地震時の地震エネルギーの吸収	柱、梁の一部が降伏して吸収します。	柱、梁より先に制振ダンパーが降伏して吸収します。	免震層の免震装置が吸収します。上部構造躯体はほとんど無被害です。
建物の揺れ	地盤の揺れに応じて揺れます。	制振ダンパーにより揺れは小さくなります。	免震層より上部の揺れは非常に小さくなります。
通常の保守	不要	不要	定期的に必要
工事費の比率	100	115	117
適する建物	全般	超高層建物など、骨組みの剛性が小さい建物。	骨組みの剛性が大きい建物。地震発生時からも継続して業務を行う必要のある建物。
各建物への適用　（◎が採用）			
庁舎棟	○	△	◎
議会棟	◎	△	○
倉庫棟	◎	△	△
バス車庫	◎	△	△
歩廊	◎	△	△

構造形式比較

総社市市庁舎基本設計より転載

また前ページ表の「各建物への適用」を◎○△で記していますが、この表示の仕方も制振構造がまったくダメであるかのような、印象操作に近いものを感じます。
　次に示す数字についても触れておく必要があります。
　事業費については、ホームページで建設基本設計も建設実施設計も最後のページに記されています。

5. 概算事業費・財源計画

【概算事業費】
実施設計における概算事業費は以下の金額を見込んでいます

項目		金額（税込）
建設工事	新庁舎	約 72.3 億円
	付属棟	約 5.8 億円
小計		約 78.1 億円
外構工事		約 3.1 億円
解体工事		約 6.8 億円
備品什器		約 3.8 億円
移転		約 0.5 億円
設計監理		約 3.7 億円
合計		約 96.0 億円

※令和4年7月時点の金額です。今後、物価の上昇や入札の状況等により金額が変更となる可能性があります。

【財源計画】
財源計画については、合併に伴う財政支援である合併特例債、庁舎整備事業基金等を財源とします。

区分	金額	説明
合併特例債	約55億円	総社市が利用可能な合併特例債残高
上記以外	約41億円	○一般単独債 　合併特例債に該当しない部分は、一般単独事業債を適用 ○庁舎等整備事業基金 ○一般財源
合計	約96.0億円	合併特例債の活用による交付税措置額は約 38.5 億円を見込む 市の実質負担額は約 57.5 億円（起債償還利子分は含まない）

建設実施計画（総社市HPより作成）

最終の実施設計では補正予算も追加され、事業費は約96.0億円となっています。また、総社市の合併特例債発行可能額は約171億円で、すでに多くの事業で使っており、残額は表のとおり約55億円です。従って、約55億円の70％の約38.5億円が国から下りてくる交付金と示しています。

　今回の新市庁舎建設では、市の負担分が約41億円で、合計約96億円の建設事業費となります。新市庁舎を建てるに当たり、当初50億円程度からスタートし、96億円まで膨らませていますが、そのうち国からの交付金が38.5億円もあるので、市の負担は「かなり軽減されて助かる」という印象があります。

　しかし市長は展望台の計画を中止して工事を遅らせることになると、合併特例債事業でなくなり「約15億円を国からもらえなくなる」と答弁しています。

　市長は、約38.5億円でなく、約15億円と言っています。何で金額が違うのでしょうか。広報紙やホームページを見ても確認できないので、市当局に出向いたところ、そこでまた隠されている数字を知らされることになります。

　担当者の説明では、総社市は他の自治体と比べて財政が比較的良い方なので、0.4の数字をさらに掛けて出てきた金額が国からの交付金になるという説明でした。この0.4は「財政力指数」なるものでした。

約55億円×70％×0.4＝約15.4億円

　この約15.4億円をもって、市長は約15億円が貰えなくなると言っていたのです。すると、55億円から15.4億円を差し引いた34.6億円は、市の負担（地方債）となり、事業費約96億円のうち、市の負担は80.6億円になってしまいます。

96億円の事業で、15.4億円しか交付金が出ないとなると、「ちょっと話が違うんじゃないの」「市はどれだけ借金を背負うんだろう」「私たち市民の暮らしは大丈夫？」といった声が出てくるのではないでしょうか。実際、他の自治体の中には、合併特例債で事業を拡大し過ぎて借金を増やし、当てにしていた歳入は人口減少などでなくなり、破綻寸前で市職員の給与をカットしたり、公民館を閉鎖したりしてやりくりしているところもあるようです。

　議員の皆さんは、この魔法のような数字があることは認識していたのでしょうか。本節の１項で示した第14回新庁舎建設小委員会でのＯ課長は、この0.4は伏せて、国からの交付金は38.5億円と説明しています。Ｏ課長があえて0.4を言わなかったのは、序章のＮ部長の発言が関与しているものと想像します。15億円の話を聞いていたら、もっと対応が違っていたのかもしれません。議員の中には事業費を膨らませないように議会場の部材の節約や展望台の要、不要の検討を提案しているものの、市当局は聞く耳を持たず、やりたいようにやっているように見えます。結局、忖度ばかりが働いて、節約は何もできていないのが実態です。

　市当局は、屋上に予定していた非常電源装置を議会場屋上に下ろすことによって、ケーブルの長さを短くし、またそれによって屋上の屋根囲いは４ｍであったものを、２ｍに下げることができて、「経費を抑える工夫はしてきた」ということでしょう。しかし、これは市長の言う外観の「総社らしさ」とは相反するものです。基本設計のどっしりとした屋根は風格さえ感じさせ、実施設計のそれは薄っぺらでとても貧相に見え、おまけに展望台の姿も一層あらわに見えています。やはり、非常電源装置の配置は元に戻して、耐震設備の見直しや展望台計画を中止するなど、もっと別な所での事業費の縮小を考えるべきと思うばかりです。

KB議員は新庁舎建設小委員会（第14回）の中で、「個人が家を建てる際には、上限の中でなるべく希望に沿うように建ててほしいと業者に依頼するのが普通」と説明し、市当局を問い質す場面を見ることもできます。人の金ゆえに、感覚が麻痺してしまっているのかもしれません。
　また、交付金が15億円でしかないのなら、ロクな議論もせず、トップダウンで慌てて新市庁舎の建設に走らなくても、先にもお示ししたとおりの、町を再開発するグランドデザインをしっかり描いた上で取り組むべきではなかったかと強く言っておきます。

　本項で私がお伝えしたかったことは、合併特例債の事業推進により自治体の負担（借金）が大きくなり過ぎ、市民の暮らしに影響が出てくるということであれば、事業の内容の見直しが必要なことは明らかであるにもかかわらず、市長や市当局の思いのまま進行させ、議会は市民の代表者であることを忘れて安直に同意し、議決に至っていることでした。

6　「過ちて改めざる是を過ちという」変わらない市議会議員

　陳情書は令和5年6月定例議会から都合4回提出しています。その内容は重複する部分もありますが、巻末の添付資料をご確認ください。
　またこれに併せて、議員さん全員に資料も届けています。このたびは紙数の都合により、依頼状と2回目の資料の一部のみのご紹介とさせていただきます。当方の思いをお酌み取りいただければ幸いです。

　私たちの**陳情書（1回目）**は、「庁舎建設については、議論を重ねたうえで議決したものであり、見直しや中止を議論すべきではない」の理由で不採択としています。ここで議論を重ねたと言っていますが、近隣住民の立場に立っての議論はまったくされていません。近隣住民の私た

ちは迷惑千万な話ゆえに、訴えてきたわけです。この不採択の理由は、不適当としか言いようのないものです。

※巻末資料：陳情書①②③④
議員宛依頼状、資料の一部参照

《2回目の不採択について》
「（理由）国の決議や県の指導を無視して行っておらず、見直しや中止は採択できないため」

　すでに第1項で紹介しているとおり、合併特例債の再延長に当たって、衆参両院は付帯決議を取り付けています。そこには「事業を住民合意を尊重し、実施完了することができるように、必要な助言を行うこと」（＝住民との合意形成に努めて事業が期限内に実施完了すること）と記されています。

　ところが、総社市では合併特例債適用期限内終了のほうに目がいってしまい、広報活動を見ても明らかなように、市民には騒がれないように気づかれないように、説明会などは避けてきた経緯があります。
　県の担当者は、「衆参両院の付帯決議がなくても、一般住宅やマンションを建設する際には、ご近所に声掛けをして施工するのは世間一般の常識の範囲です」と話していました。
　市当局の展望台計画ありきの計画は、近隣住民を無視したやり口で、まさにこの非常識ゆえに見直しをしていただきたいと陳情したものでした。

第2章　新市庁舎建設に関わる問題点

《3回目の不採択について》
「市当局と市議会の馴れ合いや特定病院との癒着といった事実は存在しない」「市民の代表によるワークショップやパブリックコメントも実施しており、一切合切無視したとはいえない」

　市当局と市議会との馴れあいは、これまで多くの資料をご覧いただいた新庁舎建設小委員会のとおりです。議員（委員）は、市当局が示す方向に不具合が出ないよう、調整をしているに過ぎない印象を受けます。
　また、特定病院との関係は、新議長が一日も仕事をせずに交代したことからも明らかであり、「癒着といった事実は存在しない」というM議員の見解は当たらないと考えます。
　また、ワークショップの市民代表者には近隣住民を代表する者の名前はなく、ほとんどやらせの状態であったことや、パブリックコメントも形式的に済ませているだけで、これも不採択の理由には当たらないと考えるところです。
　議論を重ねたといっても、作るほうからの立場だけで、周辺住民の立場や心情などに目を向けていなかったのは、意識調査の回答でも確認できています。

　陳情書の採択・不採択は、総務生活委員会で決定されるもので、傍聴に赴いても、傍聴者の声は制限されており、また参考人招致があるわけでもなく、「不採択」「異議なし」の声を聞くのみの数分間で終わり、歯がゆい思いをしただけの、まことにお粗末な寸劇でした。

　市民の声を聞かない市政は、元町筋の改修でも見られたように、ずっと以前から総社市に根付いているものなのかもしれません。次の新市庁舎建設工事の説明会でも似たようなことがありましたので、紹介しておきます。

4回目の不採択については、180ページに記載しています。

7　催促されて 新市庁舎建設工事の説明会を実施

「私が工事説明会に出ること＝計画のすべてを受け入れた」と市当局が勝手な、都合の良い解釈をすることが予想され、その前に質すべきところは質しておく必要があると思い、市長へ「総社市新市庁舎に係わる質問書」（令和5年1月13日）を提出していました。しかし、回答は一向に出てくる様子はなく、市当局が強行的に、工事の説明に走っています（質問書と回答については後で紹介します）。

　工事の説明は、町内会長を市役所に呼んで、令和5年1月30日（月）に実施されました。協議内容は次ページのとおりです。
　市当局は、工事の説明は町内会長だけを呼び、あわよくば町内には回覧で済ませたいという腹の内で企画したことが想像できます。近隣町内は、市役所西、川崎、石原北の3町内あり、それぞれの町内会長を別々に呼んで実施しています。市当局の説明（協議録には載せていない）では、各町内会長の意向は以下のとおりでした。

・市役所西町内会：工事説明会はしなくてよい。内容については回覧する。資料は全戸に配布したい。

・川崎町内会：工事説明会は帰って3役で相談する。回覧と配布は市役所西と同じ。

　工事の影響を一番に受けるのは石原北町内会です。町内会長は、後々不都合なことが起きては困る思いで、できるだけ多くの近隣住民が参加

して説明を受けたほうがいいと判断し、合同の工事説明会を要望してその方向でおこなわれることになります。

　工事が始まると、騒音・振動・交通規制・道路の破損や規制標示の損耗・自然災害による事故等々多くの問題や心配事が想定され、町内会長が説明を聞いて、町内に回覧で伝えることなどあり得ないことです。当局はよくもこのような協議会を考えたものだと思ってしまいます。

【石原北町内会との協議録・一部抜粋】令和5年1月30日

●**新庁舎建設工事について**
S会長：夜勤をしている住民が日中、工事音で睡眠に支障をきたす場合はどうするのか。
O建築会社：個別に相談しながら対応する。防音シートを増やすなどの対応はできる。
S会長：工程が遅れたら突貫工事をされるのが心配。
O建築会社：今のところ突貫工事の予定はない。
友杉副会長（私）：資料の地図には大型工事車両のルートが表記されていない。表記すること。
O建築会社：承知しました。
S会長：高齢者が工事の騒音で生活できなくなった場合、仮住まいなどは対応してくれるのか。
O建築会社・総社市：そうならないよう該当する方には個別に協議させていただく。

●**町内への周知、工事説明会について**
総社市：今日お配りしている工事のお知らせを会長から町内へ回覧およ

び配布してもらう方法がよいと考えている。
S会長：説明会をしてほしい。
総社市：承知しました。
S会長：説明会の議事録を提出してほしい。一番は動画を撮ること。
総社市：出席者の了解が必要なので、動画を提出するのは難しい。

●市役所南側道路の通行止めについて
S会長：道路に接する店舗や家屋には個別に周知してほしい。
O建築会社：承知しました。
友杉副会長：通行量調査はしたのか。
O建築会社：していない。
友杉副会長：もう一方の道路も封鎖して、歩行者・自転車専用通路にしたほうがいい。
O建築会社：警察との協議では、通行止めは最小限に留めるようにとのことだったので、このような計画にしている。

●その他
S会長：工事中に展望台をやめることはできるのか。
O建築会社：施工的にやめることは可能だが、その場合は発注者（総社市）および設計者の判断になる。

　新市庁舎建設工事の説明会は、市当局の思惑は外れて、2月13日（月）19:00より開催することとなりました。3町内の他にも現場近くの同じゴミステーションを使っている「石原むつみ会」の方も参加し、このことだけでも工事説明会を持つ意義はあったと思うところです。議事録のとおりそれぞれに貴重な意見が出されており、会長だけが聞いて、あとは回覧で済ませる手法が適当でないことも明らかになったと思います。

議事録は、以下のとおりです。

【総社市新庁舎（庁舎棟・議会棟）建設工事に伴う工事説明会・質疑応答議事録】令和5年2月13日

質問①　※1
工事中の振動・騒音・粉塵についてそれぞれの法令による規制基準を示してほしい。順守できるのか？　適宜計測されるのか？
――工事の騒音振動の基準については、特定建設作業の1号区域の規制基準にあたる。騒音は、工事敷地境界において85デシベル以下、振動は74デシベル以下で工事を進めることが基準になる。騒音作業の可能時間は午前7時から午後7時まで。1日あたりの騒音作業は最大10時間。日曜や休日を除く連続6日間。敷地境界に振動騒音測定計を設置。仮囲いの北側および東側にサイネージのモニターをつけて常時表示。

質問②
交通規制で周辺の安全ルートは確保できるのか？　工事車両によって渋滞が発生するのか？　運転手等の威圧的な態度はないのか？　指導はできるのか？
――各ゲートに誘導員を配置、現場で各社に指導する。徐行の徹底、交通ルールやマナーも指導する。

質問③
大型クレーンの転倒事故、防音・防塵ネットの飛来、足場崩壊など、近隣民家に被害があった場合、相応の保償はされるのか？

――その場合は当然賠償する。

質問④
夜勤などで日中に休んでいる方、高齢者への騒音等の対応は？
――そういう要望があればできるだけ配慮するので教えてもらえば個別に対応する。

質問⑤
モニターはどこに設置するのか？　民家に近接している南側には設置しないのか？
――北側と東側に設置する予定。ご要望をうかがったので北側と南側に設置する。

質問⑥
この説明会の質疑応答の議事録を4つの町内会に配布してほしい。
――議事録を作成して各町内会長に配布するので回覧してほしい。

質問⑦
南側の道路の仮囲いだけなぜ2ｍなのか？　仮囲いの目的は？
――南側の道路にクレーンを据えて工事をする。3ｍの仮囲いだとクレーンが回転できないため。仮囲い自体には防音的な機能や振動を抑制する機能はない。目的は関係者以外が侵入するのを防ぐため。

質問⑧
現場事務所の前の、稼働の発電機がむき出し状態だった。今後、防音設備もないような工事をするのか？
――現在、仮設電気の引き込みの申請をおこなっており、それに約2カ月かかる。超低騒音型だが、それでも音が気になるようなら防音シート

等で養生して消音していく。

質問⑨
問題が起きたらどこに言いにいけばいいのか？　市で特別窓口を設置して一本化してほしい。
──窓口を一本化するならば現場事務所に連絡してほしい。施工業者から市に連絡をしてもらう。

質問⑩
南側の西向き一方通行道路になぜ４トン車を通すのか？　交通量が多くなる。
──南側ゲートから出ると一方通行なので西向きに行くしかない。工事車両は20km/h以下の最徐行で通るようにする。

質問⑪
庁舎南側の樹木は残して少しでも圧迫感を軽減してほしい。
──新庁舎が完成したら高木を植える計画にしている。

質問⑫
登下校の時間帯は交通巡視員を配置して安全に配慮してもらいたい。
──学校や住民に通学時間等を聞いて、その時間は車を通さないなどの配慮をする。

質問⑬　※2
南側の西向き一方通行道路には町内のゴミステーションがある。年配の方も多く、朝の交通量が多い時間帯は心配だ。交通誘導員を配置してもらえないか。
──朝のゴミ出しの曜日やその時間帯には東側からの工事車両は制限し

て通らないようにする。それで様子を見て、危ないようなら誘導員配置等の対策をする。

質問⑭
南側の西向き一方通行道路も通行止めにできないか？
――警察と協議したところ、通せるところは極力通して工事を最小限にして規制をかけるようにとの依頼があった。一般車両を通せるのであれば通してください、とのこと。

質問⑮
南側の2ｍの仮囲いは3ｍにする方法はないのか？　道路が狭いという条件だけで考えず、もっといろんなことを検討してほしい。
――クレーンの設置場所を3カ所くらいに限定して南側であってもそれ以外の場所は3ｍの仮囲いを設置するよう検討する。

質問⑯
デシベルの表が今日の資料に入っていない。議事録配布のときによくわかるようにしてほしい。
――わかりました。

質問⑰
施工業者の電話番号が岡山市になっている。これが総社の事務所の番号か？
――仮の連絡先だ。事務所に電話が開通したら周知を図る。

質問⑱　※3
市庁舎の役割の中に展望台が入ることはいいことなのか？　周辺住民が展望台をどう感じるか、再度検討していただきたい。個人的には見張り

台のように思えてしまう。圧迫感もある。
――自分たちの街を見渡せる場を設けることは間違いなく価値があると考えて提案した。最上部に置いたときに、和のデザインということで建物全体を考えていたので鐘楼・火の見櫓というイメージで設けた。

質問⑲
「間違いなく価値がある」とはいろんな考えがあると思うが、火の見櫓はどうしても必要なのか？
――市役所の機能を満たすという点ではなくてもよい。１階に設置した多目的ホールやギャラリーもそう考えるとなくてもよい。市民が常日頃から来る場所であり、何かの手続きで来庁する以外にも利用してもらえるという考えで提案した。

質問⑳
来庁者はそれでよくても、近隣住民としてはいい感じはしない。監視されているような、見られているような感じがある。
――展望台は35mほどの高さにあり、そこから見える一番近いところは60mくらい離れたところだ。家の中が見えるようなレベルではないと考える。

質問㉑
設計する際、実際に35mのところから周囲がどう見えるか、環境調査はしたのか？　証明できるものがあればご提示いただきたい。
――環境アセスメント調査はやっていない。いろいろな尺度や経験から、その下に住んでいる人が覗かれて困るという思いはしないだろうと判断した。

質問㉒
それを数値で示したもの、実際に35mから見るとこうなる、という映像などを提示してもらいたい。
――ドローンを上空に飛ばして、どう見えるのかというものを作ることはできる。ドローンの利用も考えたい。

　議事録は、説明会の冒頭からすべてが記されてはいませんが、記載されている※1※2※3について、私の見解をお伝えします。なお、質問⑱～㉒の回答は設計会社のO氏によるものです。

※1　騒音振動について

　騒音振動の計測器（サイネージモニター）の設置場所は当初、市役所通り側の北面と図書館前の道路に面した東側に予定されていました。通行人に見えるように騒音振動対策をしていますというアピールです。しかし騒音振動で一番迷惑するのは通行人ではなく、現場の南の石原北町内の住民であり、設置する場所が違うと指摘したのです。

　この説明会で、設置場所の変更が約束されましたが、やはり一堂に会して説明会を開くことがいかに大切であるかを感じた次第です。また、騒音振動の基準値も、住民皆が周知しておく必要があり、あとから、規制基準の表も議事録と一緒に手元に届きました。

　工事は、倉庫の解体から始まり基礎工事へと進んでいきましたが、基準値を超える数値があったことも確認できています。
　この騒音に対して、体調を崩したAさんは、診断書を手に市当局・業者と個人交渉をして、昼間は自宅から離れて静かなアパートでの生活を余儀なくされています。夜勤明けの方は、毎日昼間に騒音振動が絶え間なく続く中で休むのは、さぞかし大変であろうと察するばかりです。

第2章　新市庁舎建設に関わる問題点

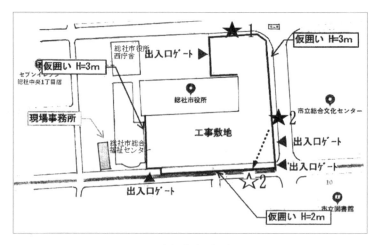

騒音振動計の場所
※★は騒音振動計の場所。説明会後、★2は☆2の場所に移動された。

※資料1

特定建設作業 規制基準

規制内容	1号区域における規制基準	2号地域における規制基準
特定建設作業の場所の敷地境界上における基準値	騒音：85デシベル 振動：75デシベル	騒音：85デシベル 振動：75デシベル
作業可能時刻	午前7時から午後7時	午前6時から午後10時
最大作業時間	一日あたり10時間	一日あたり14時間
最大作業期間	連続6日間	連続6日間
作業日	日曜その他の休日を除く日	日曜その他の休日を除く日

特定建設作業規制基準

※2　ゴミ出しを不安に思う交通事情

　現場近くのゴミステーションは3町内が利用しており、狭い道路を利用する自家用車や工事車両が多くなれば、普段以上に気を遣いストレスを抱えることになります。高齢者がゴミ出しをしている際には、周囲の温かい見守りが必要です。工事期間中、工事車両が最優先などの状況が起こらないように、十分徹底してほしいと関係者に確認しました。

※3　設計会社の気になる説明

　設計会社は「自分たちの街を見渡せる場を設けるということは間違いなく価値があると考えて提案した」と発言し「和のデザインでまとめるために展望台部分は鐘楼、火の見櫓とかのイメージで考えた」としています。

　街を見渡せる場であれば、最上階の6Fを展望フロアにすることもできます。これは、市長の言う「シンボル」を忖度しているからに他なりません。

　また「鐘楼、火の見櫓のイメージ」と言っていますが、基本設計で提案した当初のイメージは「鬼ノ城西門」のパクリそのものでした。鬼ノ城西門も、見張り台や矢倉（櫓）のようなもので、火の見櫓と言ってしまえば大差ないものです。このことは、MB議員もしっかり否定していたところです。鐘楼は寺にあり櫓は城にあるもので、平安時代から総社宮を中心に栄えてきた門前町の総社には、どちらも似つかわしくないのは明らかです。

　設計会社は、総社の歴史を全く学んでいない上に、市当局は総社市環境基本計画も総社市環境基本条例も手渡すことなく、丸投げ状態で進行していることに、MB議員は口角泡を飛ばす勢いで小委員会に臨んでいますが、市当局は、展望台のデザインを少し変えただけの対応ですませています。

市当局は、何ゆえに聞く耳を持たないのか。それは、市長の立ち位置に尽きると考えます。MB議員は小委員会において「将来にわたって、総社市の教養がいかがなものかと言われることを心配する」と言っています。
　これはもう市長自身の教養のなさ、歴史認識の不足、あるいは分別のなさ、そのものではないでしょうか。こんなことを市民に押しつけるのは、いくら首長と言ってもやめてほしい、展望台計画は中止してほしいと思うばかりです。

　火の見櫓は必要なのかという問いに、設計会社は「市役所の機能を重視したら、展望台も多目的ホールもなくてもいい」と発言し、また「来庁したついでに利用できるような考えの一環で展望台を提案した」と返答しています。
　機能性のない飾りのような物（市長はシンボルと言っています）よりは、例えば最上階の６Ｆを展望フロアとし、平時にも災害時にも多目的に使える機能性に富んだフロアにするほうが、事業費も抑えられて余程賢明なことです。

　私たちはこの設計会社の返答に対し、展望台中止の思いを一層増幅させ、市長に「展望台計画の見直しと中止」を求める要望書を提出し、さらには、陳情書を議会に再三提出しています。しかし一顧だにされていません。まことに残念の極みとしか言いようがありません。
　また設計会社は新市庁舎の図面を引くに当たって「環境アセスメント調査は行っていない」と発言しています。市当局も、総社市環境基本計画や総社市環境基本条例を設計会社には見せていないことも、確認できています。杜撰としか言い様がありません。議員の中にも「展望台から海が見える」「防災で役に立つ」の曖昧な認識しかできていない様子も

見られたところでした。
　そこで今からでもドローンを飛ばして、空撮をして35mの高さからどのように見えるか確認するよう促して、出てきたのが次の写真です。

計画の展望台の高さから／左：南方面、右：北方面

　眺望は海は絶対に見えません。鬼ノ城さえも手に取るように見えるとか決して言えません。写真を見れば、この程度の眺望であれば展望台は不要です。最上階の６Ｆフロア辺りで見るのとほとんど大差はありません。こんなことにこだわって貴重な血税を無駄にすべきではありません。展望台の計画は中止すべきです。
　市長は、計画の変更によって完成が合併特例債適用期限の令和７年３月を過ぎるようなことになれば交付金の15億円がもらえなくなると令和５年２月の定例議会で発言しています。

　しかしながら、そんなことはありません。当方が確認し、新たに提案してきたことを次項で述べていきます。

8 「市民に寄り添う」と言いながら──

　令和5年2月・定例市議会一般質問「新庁舎建設について」の中で、市長は展望台計画の問題に対して以下の答弁をしています。

ア．「市民の方々に対して特に近隣住民の方々に対する説明不足であった。説明責任を果たすべきであったと反省している」
イ．設計変更をかけて工事をストップしてしまうと、合併特例債事業でなくなり、約15億円を国からいただけなくなる。そういった状況を踏まえながら、よく説明をしてどのような理解をいただけるか分からないが話し合っていきたい。
ウ．（展望台計画見直しについては）善後策が取れれば柔軟に対応しようと思っているので考えさせていただきたい。

　市長は反省もし、15億円もほしい、そのため善後策を考えるというのです。事業を遅らせ、合併特例債の適用期限を過ぎてしまうと15億円が国から出なくなると言います。しかし、どんな事業でも何らかの事情で遅れが出ることはよくあることです。例えば、

・台風、大雨などの自然災害によるもの。地震や津波で壊滅的な状況になると一からのやり直しになる。
・突風などで大型重機を転倒させ、近隣住宅に被害を出した。
・工期中に、火災を発生させた。
・初期の地質調査で、貴重な遺跡や遺物が出てきた。あるいは、想定外の地質であることが分かった。
・資材の高騰により必要な資材の入手が困難となった。
・近隣住民とのトラブルで、工事を中断せざるを得なくなった。

これらのことが原因で適用期限を過ぎてしまうと、交付金は国から下りなくなると市長は言っています。

　例えば岡山市の場合、事業の停滞が起こった際はどうするのか尋ねてみると、担当者からは「岡山市は総社市と違って合併推進債で事業を進めており、一旦認可は下りている状態なので、遅れが出たとしてもウチは問題ないです」とのことでした。
　では、総社市の場合はどうなるのか、総務省自治行政局に問い合わせをしました（令和5年1月18日）。担当者からは、以下のことが確認できました。

〇繰越制度があり、申請し認可されれば1年の延期が可能となる
〇繰越しの決定は、自治体の議会での決議が必要
〇国から「繰越しガイドブック」が出ている

　ネットで検索したところ、財務省主計局司計課「繰越しガイドブック」改訂版（令和2年6月）を確認できます。「繰越しの意義」「繰越しの種類」「手続き」等詳細な説明がなされています。

　展望台の計画は中止し、工期を遅らせてでも交付金の15億円はもらって事業を進めようというのであれば、近隣住民、市長の双方にとっていい話です。市当局には、再三にわたって繰越制度があることを説明しています。
　しかし市当局は、この制度については目を背けてしまい、予定どおり計画を進めることを考えているようでした。

　そして、市から手渡されたのが次の資料でした（令和5年6月5日）。

> 令和5年6月に工事を止め、変更設計をした場合、5年度予算の6年度への繰越は可能。しかし、工事が9か月間（予定）止まるため、工期は令和7年10月（予定）までの工事となり、6年度の事業分も6年度内に完成できなくなる。よって、合併特例債対象である、令和6年度未完成とならないことから、合併特例債の対象外となる。また、6年度の予算は予算化されていないため、6年度の予算を7年度に繰り越すことはできない。そのため、7年度事業分の予算は新たな7年度分予算を計上する必要が生じる。よって、繰越事業には該当しないこととなると考えている。

　O課長にこの見解の根拠を尋ねると「県のホームページにあり、県担当者○○さんから…」と少し考えるような顔をしての返答がありました。明快な返答ができないようなので、私もしっかり確認しておこうと考え、○○さんと面談するために県に出向きました。（令和5年7月21日）。

　その面談の中、○○さんは「Oさんとは会ったことはないし、話もしたことはない」とのこと。この見解については「何を書いているのかよく分からない」「市が延期の申請を考えているのなら、相談に来たほうがよい」とのお話でした。

　市当局の対応は誠実さに欠けているように思います。再度確認すると、この見解の出所は私が聞いていたのとは別のところに行きつきます。そこで、以下の質問書を提出することにしました。
　この質問書に対しての回答は、8月10日（木）に数名の職員と対面で行われています。この回答の内容（一部）は質問書に続いて、以下のとおりでした。

R5. 7. 24（月）

総社市担当者様

　　　　　　　　　　　　　　　総社市新庁舎建設を見守る会
　　　　　　　　　　　　　　　　　　発起人友杉富治

総社市の合併特例債の事業、取り組みについてお尋ね

1．総社市の合併特例債に発行された総額並びにどのような事業に使用したのか。

2．合併によって誕生した地方自治体の財政危機が各地で表面化してきていることが指摘され始めている。そして、財政危機の中で、職員の削減、職員の給与カット、公民館の閉館等によって財政破綻を免れようとしている自治体も多数あることが聞かれる昨今、総社市は人口増加が頭打ちの中、渦中の自治体のような財政危機は大丈夫なのか、お尋ねしたい。
　「お金が無い、お金が無い」といって、市民の暮らしを良くするところまで至っていない話をよく耳にしています。

3．新市庁舎建設について
①概算事業費・財源計画の表を見たら、誰でも国から地方交付税が、55億円交付されるから、「助かるー」「余裕で事業ができる」と思ってしまうのではないか。
　　実際は、
　　55億×70％×0.4＝15.4億円

つまり55億−15.4億＝39.6億円が

市の負担になることは、一般市民はひょっとしたら、議員も知らないのではないか。

なぜ、該当の表のような表記で留めているのか

②39.6億円の地方債は、どこから借り入れるのか。

③一般単独債の借入はどのようになっているのか。

④「展望台計画の見直しと中止の要望」に対して、設計変更して展望台を作らないようにすると、合併特例債の適用期限を過ぎてしまい、15億円が貰えなくなるからとの理由で要望を無視しています。しかし、財務省の「繰越制度」を利用することはできないのかの問いかけに、O課長から「繰越事業には該当しない」と結論づけた文書を手渡されています。6／5（月）（142ページ参照）

この件については、7／21（金）に初めて、U部長から、市財政課が関わっていることを聞かされたので、お尋ねします。なぜ、繰越制度が適用されないのでしょうか。この文書のとおりと見て良いのでしょうか。

私の質問について、以下のような返答が来ました。

質問に対する総務部財政課の回答（一部抜粋）

質問：新市庁舎建設について。概算事業費・財源計画の表を見たら、誰

でも国から地方交付税が55億円交付されるから「助かる」「余裕で事業ができる」と思ってしまうのではないか。実際は、

55億×70%×0.4＝15.4億円

つまり55億−15.4億円＝39.6億円は市の負担になることは、一般市民は、ひょっとすると議員も知らないのではないか。なぜこのような表記で留めているのか。（121ページ参照）
（※ここでは「５．概算事業費・財源計画」の表は記載を省略）

回答：「５．概算事業費・財源計画」の表については、実施設計に示す財源計画としては一般的な内容であり、また新市庁舎建設は、３市町の合併における重要事業のひとつとして位置づけられ、合併特例債を使用することを前提で進められたことから、このような表記とした。なお、この表から「合併特例債」＝「地方交付税」という誤解を招く表現にはなっていない。

質問：「展望台計画の見直しと中止の要望」に対して、設計変更して展望台を作らないようにすると、合併特例債の適用期限を過ぎてしまい、15億円がもらえなくなるからとの理由で要望を無視している。しかし財務省の「繰越制度」を利用することはできないのかの問いに、O課長から「繰越事業には該当しない」と結論づけた文書を手渡されている。この件については７月21日にU部長から、財務課が関わっていることを聞かされたのでお尋ねする。なぜ繰越制度が適用されないのか、この文書のとおりと見てよいのか。

回答：お尋ねになられているのは「合併特例債を発行できる最終年度の令和６年度予算を、令和７年度に繰り越して使用できるのではないか」

という点だと思うが、現時点では、その最たる条件である「令和6年度予算が成立していること」をクリアできていないため、「繰越明許費」と「事故繰越」を適用する対象にない。よって繰越事業には該当しないとする「令和5年6月5日（月）O課長より提示」の文書のとおりと言える。

　最初の質問では15.4億円の説明がないことを指摘し、市民に知らしめるべきであるのに、全く答えになっていません。次の質問も「発生事由」「発生時」にこだわって提示した見解を是としています。近隣住民が提案しただけでは「変更の発生」には至らず、市長が「変えよう」と決め、いよいよ動き出すときを「発生」と考えるべきです。

　私たちは「繰越制度を使って、展望台計画を中止してほしい」と呼びかけています。それに応えるのであれば、どのタイミングで延期申請を出し、認可が下りるようにしていくかは市当局が研究してやるべきことです。
　どうあってもやらない。繰越制度を使っての事業の設計変更も、展望台計画の中止もやらないということであれば、市長が竣工式で言った「市民に寄り添う」「市民が一番」は、まったくデタラメなことと結論づけなければなりません。
　近隣住民の存在や生活を無視してやりとおす姿勢は、元町筋のやり口と同じです。あれから50年も経っているのに、何とも情けない話です。

　議会には、展望台計画の中止を要請する陳情書を再三提出してきましたが、すべて不採択となっています。一旦議会で議決したものは変えられないというのは、議員や議会の沽券に関わり、自分たち議員のプライドや議会の権威が傷付けられるとでも思っているのでしょうか。
　議決した案件を再度見直し変更する（展望台計画の中止）ことなどあ

り得ないというのであれば、令和5年11月の市議会で質疑された「庇の設計変更」の案件もあり得ないことになります。

　片方がよくて、もう一方はダメというのはまさに矛盾であり、議員の資質が問われるところです。詳細は次項9で紹介します。

9　建設途中で発生した庇問題　近隣住民をダシにした設計変更

　令和5年11月定例議会において質疑されたのは、市当局が提案した新市庁舎に予定していた庇を、RC工法からハーフPC工法に変更するというものです。もちろん、経費が発生し5,500万円が別途に追加されます。まずはRC工法、ハーフPC工法とはどんな工法か、確認しておきます。

【RC工法】

　現場で鉄筋や型枠を使い、生コンを流して仕上げていくものです。現場において、躯体に必要な鉄筋や鉄骨材をつなげ、型枠を取り付けたあとに生コンを流して成形していくので、下から支える型枠支保工の作業も必要となります。また、生コンの打設後は表面をならして整え、固定化するまで養生が必要です。その後足場を外して、型枠をハンマーなどで叩いて取り除いたら完成です。

　新市庁舎実施設計で初めから予定していたもので、本庁舎の庇を作る際にも採用されている工法でした。市当局は、この工法は安価であるという理由で採用しています。

【ハーフPC工法】

　PC（プレキャスト）工法の途中までで作業を終え、半製品として現

場に搬送し、取り付け後にさらに残りの生コンを打設して仕上げるものです。PC工法もハーフPC工法も工場で仕上げるもので、現場でおこなう作業よりも効率が良く、均一に作れそうで、RC工法にないメリットを持っているようです。

　そこでRC工法を念頭に置き、PC工法とハーフPC工法にはどんなメリット、デメリットがあるのか、私が調べたところを以下に列挙します。

（メリット1）
・PC（プレキャスト）工法は、部材を屋内で製造するので、品質管理が徹底でき、部材の均質化が可能。
　現場打ち工法は職人技で作業を進めるため、担当者によって仕上がりが異なることがある。進行状況に合わせて資材を調達すれば、品質にバラつきが出ることもある。PC工法は、屋内の専用工場で規格に適合したコンクリート製品を短期間で製造するので、部材の仕上がりに差がなく、耐久性にも優れている。

（メリット2）
・部材製造を屋内工場でおこなうため、スケジュールや品質が季節や天候に左右されない。
　現場打ち工法は、天候によって作業の進行や内容の変更を迫られることがある。養生中の天候の急変や気温差によって品質に影響がある。

（メリット3）
・PC工法は作業を分担して、作業現場の人手を少なくすることができる。
　工場で大型の部材を組み立てるので、現場では設置作業だけで足場の

建設が不要（ハーフ PC 工法の場合は未確認）。現場打ちで発生する型枠木材の処理など産業廃棄物処理にかかる人手や型枠支保工の作業も簡略化できる。

（メリット 4）
・PC 工法は製作部分を工場に設置して、現場では製作ヤードが要らない。
　現場打ちでは建設現場に製作ヤードを構築して型枠作業からおこなう。資材置き場も必要となり、足場の建設や多くの人員のための施設確保も課題。

（メリット 5）
・現場で組み立てと設置だけで工事を完了でき、工期の予定が立てやすくなる。
　現場打ち作業を省略でき、型枠作りから鉄筋のセット、コンクリート流入までを一貫しておこない、現場打ちでのコンクリートの養生に合わせた日程変更もなく、スケジュール調整が要らない。

（メリット 6）
・PC 工法の採用によって、工期の短縮を図ることができる。
　部材の製作さえできておれば、いつでも搬入、接合ができ、工期の短縮が可能となる。作業内容の理解不足による人的ミスの発生を防ぐこともできる。

（メリット 7）
・PC 工法は部材製造と現場作業を分離するので、作業を効率化しコストが抑えられる。
　型枠の再利用や現場に製作ヤードや足場が不要になり、人員も削減で

き、工期の短縮は作業に必要な機材のレンタル料も抑えることもできて、コストの削減を可能にする。

（メリット8）
・PC工法は、環境にやさしいといえる。
　RC工法は木材で型枠を作成し、再利用は困難なため建築物ごとに新しい木材を使用。一方PC工法は、型枠を再利用し、大量の産業廃棄物を出さない上に、騒音、振動、粉塵等も低減でき、周辺住民への影響も少ないといえる。

（デメリット1）
・接合部の耐久性が低い。
　PC工法は、コンクリートの接合部が弱点になりやすい。コンクリートを組み合わせて建設するため、接合部の施工が甘いと漏水などの原因になる。漏水を防ぐには、事前に防水処理に関する計画を立て、質の高い施工を行うことが重要。組み立て作業が簡単な分、事前準備を念入りにする必要がある。

（デメリット2）
・規格外への対応が難しくコストが増える。
　PC工法は、規格外の場所や形への対応が難しく、従来の枠を利用できないため専用の型枠を準備するコストがかさむ。工場であらかじめ規格化した型枠を使用するPC工法は、在来工法に比べてデザインの柔軟性に劣る。

（デメリット3）
・早い段階で明確な計画が必要。
　漏水の原因になりうる接合部をどのように施工するかなど、事前にし

っかりと計画を練らないと失敗を招く可能性がある。

（デメリット4）
・運送費・仮設工事費がかかる。
　PC工法では、工場で生産した部材を現場まで搬送する費用や架設の際の大型タワークレーンのレンタル費用なども発生する。また、組み立て作業中の危険対策や地震対策なども立てておく必要がある。

　そして、令和5年11月定例議会でこの庇設計変更の疑念について、議員より質疑がなされています。MA議員、YA議員の質疑の要点は以下のとおりです。

①庇の変更について、市民の誰が聞いても納得できる説明がほしい。
②庇の変更は、騒音対策（近隣住民に迷惑をかける。防音シートを張る余裕がない）で判断したのか。設計上の無理があったのではないか。
③庇の当初予定のRC工法に比べ、ハーフPC工法にはどんなメリットがあるのか。騒音が軽減される程度のものなのか。
④設計業者は、現場打ち（RC工法）の設計を出してきていた。
⑤庇のところだけ対策するというのは、合理性に欠ける。請負契約をしている以上、業者の都合で変更するということであったらいかがなものか。
⑥来年度の予算編成では、財政調整基金の切り崩しが大幅にある中で、たかが5,500万円の考えがあったら問題。
⑦RC工法で庇を作る際の騒音はどれくらいあるのか、具体的な数値がないまま変更するのは根拠がなく説得力に欠ける。
⑧発注者・受注者のどちらから提案があったのか。

　対するU部長の答弁で、注目のポイントは以下のとおりです。

❶庇の変更理由は、近隣住民への騒音対策で行った。
❷当初のRC工法を選択したのは、他に比べて安価であった。
❸ハーフPC工法に変更すると、その分の工事費が必要となる。
❹現状では、現場に余裕がなく、防音シート防音パネルの対策ができない。
❺騒音対策の相談を業者（設計会社か施工会社かは不明）にして、工事の受注者からハーフPC工法の提案があった。
❻RC工法の騒音（デシベル数）がどれくらいあるか、数値の具体的な根拠はなく、感覚的なレベルでハーフPC工法に変更した。

双方の考えを意識しながら、以下の4点を疑問点として取り上げてみました。

（ア）市当局は、なぜ初めからハーフPC工法を選択しなかったのか

メリット1〜8のすべての面で、優位性が担保されているPC工法を選択すべきでした。

総社市は第1次に続いて第2次総社市環境基本計画（平成30年）を策定し、SDGs（持続可能な開発目標）と連携して、本市の守るべき環境を次世代へつなぎ、本市を変えていくことを謳っています。計画の中には、「環境への負荷を最小限にとどめる」ことなども指摘され、議会で承認もされています。

ならばRC工法で出る型枠で使った廃材はどう考えていたのでしょうか。また、近隣住民への騒音問題なども、工事説明会以前の基本計画辺りでも十分想定できていたはずです。市民説明会を無視したばかりに、こんな案件が出てきたのです。

市当局はSDGsも近隣住民のことなども眼中になく、安価となるRC工法の選択をしてしまいます。RC工法がどれくらい安かったのか、設

計会社は金額の違いを具体的な資料で提示ができていたのかも、問い質したいところです。

　さて、ここにきて市当局は近隣住民の騒音問題を取り上げ、庇の設計変更を行ったことは、これまでの市当局の姿勢と大きく矛盾するものがあり、疑念を抱くものです。MA議員も「庇のときだけ対策するというのは、合理性に欠ける」と指摘しています。何か別な力が働いて変更したのかと思うところです。

　RC工法で庇を作ろうとすれば、支保工の作業工程があり、大量の鉄筋の資材、型枠材、支持する単管、足場も必要となり、支保工の労務費も予定されていたでしょう。そして型枠ができたら、生コンが打設されて養生を終え、完成となりますが、1階から6階まで庁舎のぐるりに取り付けていくことになります。

　資材を搬入し、型枠ができたら通路を片付けて、ポンプ車や生コン車が入り、各階層と庇の生コンの打設です。広いヤードであれば、問題なくできますが、かなり狭いヤードになっています。
　この現場の状況を見る限り、RC工法による足場を組み、支保工で型枠を作っていく工程さえも、無理ではないかと想像がつき、計画当初からヤードの確保が十分検討できていなかったと結論づけることができます。
　工事現場の南面の工事ヤードは最大6.70m程度です。工事の可能ヤードは道路を含めたもので、道路を含めなければ2m足らずのヤードで作業をすると考えて発注したことになります。道路や水路の一部を使って作業ヤードを広げたのは、O建築会社です。道路が使えないとなると市庁舎建設は不可能となります。

工事前の計画地南側　　　　　　　　仮囲いをした作業ヤード

（イ）騒音問題の解消を設計変更に求めたのは、正しかったか

　庇の設計変更は、工事説明会で騒音振動の問題が取り上げられており、市民からの声があったとして、近隣住民の騒音対策として変更をすると説明しています。

　また、騒音防止については防音シートや防音パネルが設置できる現場の敷地に余裕がないことも理由に上げて、庇の設計変更が適当と考えるに及んでいます。しかし、RC工法による騒音が、騒音計の数値でどれだけ低下するかの根拠は全く示されていません。この庇の変更でハーフPC工法が良いとしたのは、市当局から相談を受けた工事の受注者（施工業者）が提案したとも答弁しています。

　では騒音の発生原因は何でしょうか。市の返答から、RC工法で使われた型枠をハンマーで叩いて、外す際の音であろうと推測できます。しかしこの音が何デシベルの騒音となるのかのデータは持たないまま返答されているようでした。ハンマーの音が断続的に基準の85デシベルを超えるとはとても想像がつきません。

　また、このような騒音に対し、現場の敷地に余裕がないために防音シ

ートや防音パネルは取り付けることができないと言っています。同様に、足場を組むことができないので、防音シートなどでの対応はできないとも説明されています。

　しかし工事説明会の前に町内会長を呼んでおこなった協議会（令和5年1月30日）では、施工業者の責任者は「防音シートを増やすなどの対応はできます」と発言しています。

　防音シートの効果については、製造会社の資料によると、騒音は一般的に10dB下がると体感では半減して聞こえるそうです。また、防音シートの効果は、施工の状態（防音シートの高さ、音源または、受音点からの距離、騒音源の種類など）によって異なるようです。

　防音シートで10dB騒音を抑えられることで体感的には半減して聞こえるのであれば、あえてハーフPC工法を選択する理由はどこにあるのでしょうか。
　また現場では足場を組めるほど敷地に余裕がない、という説明もありました。業者も設計会社もヤードの確認はできているはずで、その上で受注しています。それを今になって足場に余裕がないというのは、これはもう設計業者にも市当局にも瑕疵があるとしか言いようがありません。

　ちなみに、近接の住民Ａさんは騒音に対して苦情を申し出て、昼間は、業者が手配したアパートに避難して生活していると聞いています。その事例がありながら、あえて庇の設計変更をする必要があるのでしょうか。

（ウ）庇の設計変更は、市当局が保険を掛けたものか
　施工業者の責任者は近隣住民に迷惑をかけないよう、個別に相談しながら対応することも表明しています。現に、Ａさんへの対応は令和5年10月ごろにおこなわれています。このような例もありながら、設計変

更までする必要があったのでしょうか。苦情があっても、Aさんの例にならえば格安で対応できます。

　市当局から相談を受けてハーフPC工法を提案した施工業者も、工場から届いた製品を取り付け、支保工も省略されてハーフ部分に生コンを充填するだけで済ませることができます。RC工法の煩雑さから解放され、工期遅延の心配もなくなります。市当局も事業経費5,500万円を膨らませてでも合併特例債適用期限内の完成が確約されるのであれば、願ったり叶ったりでしょう。

　しかし、MA議員が指摘しているとおり、5,500万円といえども市民の血税です。そもそも、基本計画、基本設計辺りで、市民や近隣住民にしっかり説明したり、住民の声を聞いたりする姿勢がなかった市当局の不手際としか言いようがありません。
　業者には初めから防音シートの設置の予定はなく、新たなヤードの確保や足場の設置は経費もかかるため、できるだけ避けようとしたことが想像できます。
　そして市当局から騒音対策として何かできないかと言われたとき、煩雑な支保工を省略でき、工期のずれ込みもなくなるハーフPC工法を選択し、それを市当局に提案するのは当然のことと理解できます。
　同じ費用の追加ならハーフPC工法のほうが、業者にとっても市当局にとっても都合がよいはずです。天候に左右されずに庇の取り付けができ、工期の遅れなども解消できる。合併特例債適用期限に間に合わせるための保険ともなります。
　近隣住民の防音対策と言いながら、ハーフPC工法の変更は、予定どおりのできレースであったのかもしれません。

（エ）議員は、議会は、公平公正な判断ができているのか
　議会は、新市庁舎建設の事業費を補正追加予算も含めた約96億円を承

認し議決しています。そして、この庇問題においては、いとも簡単に設計変更を認め追加の5,500万円了承の議決に至っています。しかし私たちがずっと主張し続けている、また再三陳情書も提出している展望台計画の中止については、まるで三猿のごとく、知らんぷりです。

次の資料は、市当局が私たちに何とか展望台計画の中止要請を諦めさせようとして提示した資料になります。

令和5年4月29日（土）
■展望台（8階部分）を取りやめた場合の影響について
　〇工期について
　　　現在の契約工期：令和5年1月12日～令和7年1月11日（24か月）
　　　変更手続き等の期間（おおむね9か月間）、工事を一時中断する必要がある
　　　　　　　　　　　　　　　　　～令和7年10月ごろ（完了予定）
　〇工事費等について
　　　①展望室工事費：概算　約3,500万円（減）
　　　②変更設計費用等：概算　約860万円（増）
　　　③工事中断に伴う施工者への補償費用：概算　約4,500万円（増）
　　　（想定：現場事務所、山留、仮囲い等のリース料　現場駐在の人件費など）
　　　（②＋③）－①＝約1,800万円（増）

　〇合併特例債について
　　　令和6年度末までに事業を完成させることを前提に対象事業になっています。工事中断により工期が令和7年度にわたると交付税算入分として見込んでいる約15億円が減となります

展望台計画を中止したら、約1,800万円の赤字となるというものです。

第2章　新市庁舎建設に関わる問題点

のちのち、ほぼ50年間のメンテナンス費用、運用費用などを加味すれば、1,800万円がどうだの、中止は無理だのということにはならないと思います。ましてや、庇の設計変更は5,500万円も出ていくことになり、こちらのほうがもっと大きな問題のようにも思えます。また、合併特例債の交付税15億円がもらえなくなると不適切な説明までしています。

　議会では、展望台計画の中止の陳情書においては、一旦議決したものは変えられない姿勢で不採択としています。しかし、一旦議決していても、庇の設計変更には簡単に同意しています。

　市当局は、初めから防音対策はせず、騒音の発生が大きいRC工法で事業を進めていくことにしています。そして、騒音問題が発生したら、個別の対応をしており、今後も騒音についての苦情（主に近隣住民からのもの）があれば、Aさん方式で対応すればよいものを、何を今更防音対策で云々というのは、説得力に欠けるものがあります。
　Aさんへの費用が100万円ほどであれば、あと5人に対応しても500万円で済みます。5,500万円もかけて設計変更をするのは、まだ他に理由があるのではないかと疑念を持ってしまいます。

【私たちの訴え】
　庇の設計変更は、近隣住民の防音対策という名目の茶番劇ではなかったか。

> 　市当局の見通しの甘さと、それに振り回されながらも上手く乗っかっている業者のしたたかさ。そして、近隣住民はいつも蚊帳の外。市当局がそれを否定するのなら、展望台計画の中止を求める近隣住民の声にも耳を傾けるべきと考えます。

請負業者の所長との面談で分かったこと
　令和6年2月14日（水）、私達は請負会社の所長と面談しました。
所長の発言

> 防音シートを増やすなどの対応はできます。
> （令和5年1月30日の工事説明協議会での発言）

> 道路、用水路の一部の使用許可は、総社警察署、市環境課に出向いて相談しています。

> 工事請負契約の際には、市当局から防音シートを張る指定はされていません。

> Aさんの家族の診断書を提示されて、アパートを提供しました。
> 会社負担の費用は言えないので、確認したいのであれば本人に聞いてください。
> いつまでの避難になるかは、決まっていません。

> 現在の単管足場は、主に作業員の安全確保に使います。

> 防音シートを張る足場は門型で幅は60cmが必要です。

RC工法による防音シート設置についての質問

（1）RC工法で庇を取り付ける際には、支保工が必要。その足場はどのように確保する予定であったのか。
現場打ちだと、鉄筋と木製の型枠で成形する作業の足場の確保も必要となってくる。どのような想定をしていたのか。足場はどのようになるのか、素人ながらA、B、C（図で示す）と想像していたが、いずれであっても防音シートは予定していたと思ってよいか。

（2）工事事前協議会（令和5年1月30日）における確認
「防音シートを増やすなどの対応はできます」
「（生活できなくなった場合、仮住まいなどの対応について）該当者の方には個別に協議させていただきます」と言っている。
これはもともと防音シートなしでRC工法で庇も作ることにしていたのか。議会場西側と比べ、現場の南側にはある程度のヤードがあり、防音シートを設置してRC工法で庇の取り付けも想定していた上に、さらにシートを増やす意見であったのか、どうなのか。
設置するようになれば、別途に必要経費を総社市に請求すればよいと考えていたのか。受注金額の中で対応できたのか。

（3）防音シートは庇の外の足場に取り付けることになると考えてよいか。

> どれかといえば、Aです。防音シートは、指定されていません。

> 門型足場が組めないことが分かったのは、工事が始まって半年後の秋口あたりでした。

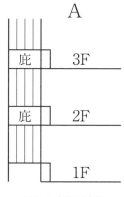

足場と支保工支柱

つじつま合わせで言っているのか、RC工法でも足場を組むと作業工程に支障があると認識したのか、定かではありません。

一般市民からは、基礎工事辺りで「もたついているようだ」の声を聞いており、所長に遅れはないのか確認したところ、以下の発言。

> 免震装置の取り付けで時間が掛かったが、遅れはない。

> Aさんが診断書を出されたので、アパートを提示しました。いつまでの避難になるかは決まっていません。

①足場は組めない、防音シートは張れないとあとでわかった、ヤードの通路は5m、など曖昧な発言が見られます。
②防音シートを増やすことも庇の設計変更もどちらも別途費用が発生するのであれば、業者にとって都合の良い提案をするのは、当然の成り行きです。
③工期の遅れが出ている確かな情報がある中で、市当局から相談されれば、天候に左右されにくいハーフPC工法を薦めるのは容易に想像できます。

　以上、これまで面談ややりとりの内容等から、庇設計変更の問題を以下に検証します。

庇設計変更の問題の核心

１．市当局は、発注の初めから防音シートの指定をしていなかったことが分かりました。

　市当局は、経費を抑えるための方策として、防音シートを張る計画をしていません。騒音対策など眼中になかったのです。

　所長も「道路を挟んだ現場、住宅と近接した現場で、防音シートを張るか張らないかは考え方次第となり、必ず防音シートを張らなければならないという一律に決まったものはない」と話しています。そこで、市当局が契約時に指定していないのであれば、防音シートは張らないで良かろう、経費の削減になると考えたのです。

　しかし、現実にはＡさんの苦情により騒音問題が提起されることとなります。ここでは、市当局に見通しの甘さがあったことが露呈しています。

２．躯体南面の雨水桝から敷地境界までは約２ｍしかない図面を引いて、これで市当局は発注しています。

　市当局は、南面の工事ヤードは２ｍ程度で作業ができると考えた図面で、発注しています。

　所長の話からは、受注した業者が、用水路を挟む北側の道路は占有し、道路と市役所を挟む用水路は塞ぎ、中央の用水路も一部使いたいと、警察署、市上下水道課へ直接相談に行っているとのことです。発注した市当局は業者任せで、事前に警察署、上下水道課にも声かけし、最大限の協力をしてほしいといった調整はまったくなされていません。

　道路の占有等について、市当局は入札前までは業者の意向は分かっていなかったと話しています。暗に想定していたのかもしれませんが、そ

れを市当局が言えば言い訳にしかなりません。このことは、令和5年1月12日の契約時に総社市に伝えたそうです。

　工事に差し支えない、ゆとりのあるヤードの確保ができているか、市当局も業者も、ここでも楽観的な見通しでしかなかったようです。

3．令和5年1月30日の町内会長との工事事前協議会で、所長が「防音シートを増やすなどの対応はできます」と言ったのは何だったのか。

　工事事前協議会において、所長は「防音シートは張れる」と言っています。ちなみに、工事説明会は2月13日、竣工式は2月16日におこなっています。

　しかし、今回の令和5年11月定例議会の庇設計変更問題について、U部長は「足場を組む敷地がない」と言っています。矛盾しています。

　この件について、所長は、「門型の足場（防音シートを張るための足場）が組めないのが分かったのは、工事が始まって半年後の秋口辺りであった」と証言しています。このことから、確認できることは以下のとおりです。

① この秋口辺りまでは、RC工法で進め、もともと防音シートを張る予定はなかった。RC工法で組む足場は、当方が質問した「足場の想像図A」に該当すると発言しています。
② 狭いヤードの中で、RC工法で庇も作っていくことになることも確認済みです。
③ この時期に市当局は、騒音問題（Aさんの件）で、対策は何かないかと相談しています。

　Aさんの騒音問題が起き、アパートを借りて昼間は避難して貰う対応をしています。工事が始まって半年後に防音シートを張る足場が組めないことがわかったと言う業者にも、行き当たりばったりの事業計画で

あることは明らかで、発注者、受注者共に瑕疵の責任が問われます。

4．門型足場を組み防音シートを張るということになれば、契約の前後にかかわらず別途の費用が発生することを確認。

　市当局は、事業費を抑える工夫の中で、防音シートを張る指定はしないで発注をしています。従って、防音シートを張る意思表明をしたら、その経費は当然上積みされるのは明らかなことです。この前提条件を念頭において、所長に尋ねて明らかになったことは以下のとおりです。

①防音シートを張るとなると、門型足場に必要な幅が60cm程度必要になり、生コン車2台が並んでの作業は難しいと下請けが言うというような発言がありました。
　所長は、ヤードの通路は5m位しかないと指摘していましたが、実測では6.70m程度あることが確認できています。門型足場で0.7m程度取ったとしても、残りは6mあり、生コン車2台が並ぶことは可能です。
　所長の「5mくらいしかない」を真に受ければ、RC工法さえも難しいと思っていたのではないかという印象が濃厚です。
②市当局は、工夫できることはないか協議をしたわけでもなく、何かよい方法はないか一方的に聞く姿勢の業者任せになっています。
　ヤードの狭さは認識していたのかもしれませんが、Aさんの問題に続いてまた苦情が出る場合は、Aさん方式でやれば済むはずです。そのほうがずっと安くつくのにもかかわらず、なぜ設計変更をおこなったのか、不思議です。

5．防音シートが張れたとしても、経費の追加になるのなら、狭いヤードで無理して作業を強行するよりも、工法の変更で対応した方が、天候にも左右されずに済むハーフPC工法の選択の方が、業者にとっては好都合になりそう。

所長は、RC工法で庇を作るよりも、ハーフPC工法の庇のほうが品質面でも優れており、副産物的に防音対策にもつながると発言しています。
　市当局が、防音対策として、防音シートを張る案とハーフPC工法に設計変更をする案を提示したとしたら、どちらも追加の費用は市の持ち出しとなり、業者の腹はまったく痛まないのであれば、ハーフPC工法を選択するのは当然のことです。
　どちらが安くできるかの協議をしないまま業者任せで、近隣住民の防音対策として設計変更に必要な5,500万円の予算の追加提案をしています。この5,500万円については、一応設計監理者が入って値下げの交渉もあったと業者から聞いています。しかし、そうであっても市当局の姿勢はこれまでの近隣住民への対応の仕方と違っており、近隣住民への配慮ではなく、もっと別なことで動いているのではないか、異質なものを感じています。
　設計変更の真の理由は何だったのか。令和5年11月定例議会の後に市長は「設計変更をしても防音対策にはならない」ような発言があったと、確かな情報が入っています。それを承知の上で設計変更したのであれば、他の理由があったのではないかと考えてしまいます。

考えられる「他の理由」
　①PC工法の業者からの要請、口利きはなかったか。
　②市当局も業者も工事の遅れが一番の不安材料ではないか。Aさんの騒音問題から工事がストップしてしまうことを市当局は恐れたのか。
　③天候不順で工期が遅れることも予測される中、現実には1～2か月の遅れ情報も得ている。庇の設計変更は工期が着実に守られる保険となることは確かで、市当局、業者の双方に都合のよい話であることは間違いのない事実です。

①②③のいずれであるかは、明らかでありませんが、市当局が近隣住民に対して防音対策を懸命に考えて設計変更をしたという話は、納得のいかないところです。展望台計画の中止を求める近隣住民に対して、まさに近隣住民をダシにして実績作りをしたのであれば、すごいことをするものです。

　ここまでのところで、総務生活委員会の会議録が開示されましたので、皆さんに見ていただき、問題の核心のまとめを再確認しようと思います。

　MA議員は、令和5年12月8日の本会議諸議案質疑「議案題60号工事請負契約締結の変更について」の中で、市当局への問い質しをしています。
　その前の11月7日に総務生活委員会の「報告事項」で市当局は「（2）新庁舎建設工事の進捗及び変更について」の中で、庇の設計変更の提案をおこなっています。内容は以下のとおりです（一部抜粋・要約）。

【総務生活委員会】令和5年11月7日
O課長：現在想定している工事変更は2点。1点は庁舎棟各階外側の庇について。2階以上の各階外側には和風をコンセプトにした庇を設けることにしているが、その造形方法を現場での型枠工ではなく工場製作の造成にしようというもの。
変更の理由は、騒音をできる限り少なくするため、工場生産に切り替えることで現場型枠の脱型、解体時の騒音を少なくすることができる。長期間の工事において近接する南側の住民の皆様、来庁される市民の皆様にも騒音対策として有効であるため。
また工場生産することで精度が上がり、現場打ちと比べて補修の必要が少なくなることが想定される。その後の維持管理の低減にもつながる。

2点目はインフレスライドによる増額について。インフレスライドとは、労務費や資材単価等の急激な変動に対応するために請負契約書において規定されているもので、社会情勢等、予期することができない特別な事情により、工事期間内に日本国内において急激なインフレーションまたはデフレーション等を生じ、請負金額、請負代金が著しく不当になった場合に工事請負者が契約金額の変更を請求できる措置のこと。
M委員：増額予定金額というのは、単市の持ち出しになるのか。
O課長：合併特例債等の金額については、おおむね令和6年度で支払いを予定している金額の中で上限額に到達すると聞いている。実際には起債であり、基金なりというものの中で単市も含めて対応していくと考えている。

　ここでは委員以外は資料内容を見ることができないため、庇の設計変更による追加費用の金額はわかりません。12月8日の本会議諸議案質疑でのMA議員の質問で、追加費用は5,500万円であることがわかりました。
　MA議員は以下の質問をし、所管の総務生活委員会に委ねています。

　①庇の設計変更が必要な理由は何か
　②設計図面を見て問題が起こることは分からなかったのか
　③庇部分だけの対策というのは合理性に欠けるのではないか
　④5,500万円の追加予算をどう考えているのか

　これを受けて、12月13日に総務生活委員会による「付託案件の審査」がおこなわれました。

【総務生活委員会・付託案件の審査】令和5年12月13日

MC委員：庇の追加工事で約5,500万円の予算だが、工期はどれくらいに短縮でき、それでどれくらいかかるのか。

O課長：工事のやり方を変えることで現場での工事の量が減っていくことになる。ただ実際に庇部分だけの工事ではなく、工事全般でいうと工期に変更はない。

MC委員：庇を付けることで騒音はどの程度軽減されるのか。

O課長：実際にはやってみないとわからない部分はある。データとしては、地下部分はおおむね70～75dBほどの騒音が発生している。鉄筋の配筋時は70dB程度となっている。ただここから上層階のデータはまだない。ほかの現場のデータをご紹介すると、地下部分での立て込み等の騒音レベルの最高値としてはおおむね75dB程度。1階の型枠立て込み作業時の最高値は83～85dB。2階部分については79～86dB、3階は85～92dB、4階が85～89dBとなっている。
データとしては信頼できると思うので、上層階に行くほど音が出ていくことは数値として出ている。新庁舎建設でも、同等レベルの音が出ると考えている。
今回ハーフPC化することで、おおむね10～20dBほどは下げられると考えている。また現場での型枠作業を70～80％ほどなくすことができる。これでさらに10dBほどは下げられるのではないかと考えている。

MC委員：作業が上層階へいくにしたがって、どう対策していくのか。

O課長：庁舎を作るうえで敷地を最大限使っている。その関係で防音シートや防音パネルを設置するなどの完全な対策は、敷地に余地がなく、できない。そこで業者と防音対策について相談した結果、今回の案をお出ししている。

MC委員：近隣の方とそういう話はしているのか。

O課長：庇や外構工事などの部分について、騒音が出るなどの話はして

いない。地下を掘るときなどに大きな音が出る場合は、近隣にご協力をお願いに回ってはいる。
OA 委員：騒音規制法の対象にはなっていないという認識でよいか。
O 課長：特定建設事業ということで対象になる。85dB という規制数値があり、それを超えることも想定されるので、できる限り抑えていきたいというのが今回の提案である。
OA 委員：80dB だと地下鉄の車内を想定するらしい。例えば130dB だとジェット機が飛んだときの音とか、60dB だと目覚まし時計の音とか、具体的なものがあるとよいと思う。
O 課長：抽象的な言葉でしか表現できないが、おおむね90dB であれば騒々しい工場内、あるいは稼働中のブルドーザーから5ｍ圏内、80dB は地下鉄車内、麻雀牌をかき混ぜている場所から1ｍ圏内という例がある。あくまでレベルの話。それ以外では大きい声ならば会話できる、掃除機から1ｍ圏内、乗用車車内などという例を出させていただいている。
OA 委員：騒音対策として防音壁や防音シートを設置できなかったのは非常に残念に思う。
M 委員：そもそもこれは、このタイミングでわかったことなのか。当初から想定できなかったのか。
O 課長：なるべく費用を抑えて一般的な工法で現場打ちをさせていただいている。騒音対策がメインではあるが、ハーフ PC なら現場打ちよりも品質が上がるなど、総合的に見て今回のご提案になっている。
M 委員：騒音対策として、ほかの方法はなかったのか。
O 課長：防音壁や防音シートは当然検討したが、強風対策もあり、敷地の問題でしっかりした足場を設置する余地がないため、難しいという判断になった。そこで今回のご提案になっている。

この付託案件の審査では、3人の委員の質問と市当局の回答を整理すると以下のようになります。

「ハーフPC工法で騒音はどれくらい軽減されるのか」
「防音対策はどのようにするのか」
「近隣の方と庇の取り付けの音の発生について話しているのか」

「近隣の対策で5,000万円（税込み5,500万円）はやむをえないと思うが、騒音規制法の対象外ではないのか」
「防音壁、防音シートができない状態が非常に残念だったかなと思う。やむを得ない」

「近隣住民に対する騒音の配慮は必要だと思うが、ハーフPC製品を当初から想定できなかったのか」

　これらの質問に対して、答弁は以下のとおりです。

- RCの型枠工がなくなる分、10dBから20dBさらに10dBぐらい下げることができると考えている。
- 庁舎を目一杯で作っているので防音対策の防音シートを張る余地がない。そのために、業者に相談したら、ハーフPC工法を薦められた。
- 近隣の方に庇に限った話はしていない。かなり大きな音がしているときには回っている。
- 特定建設事業で騒音規制法の対象になる工事。規制は85dBだが、常時起こることではないと考えているが、できるだけ抑えていきたい。
- 庁舎の設計はなるべくお金を抑えてRC工法で現場打ちの工事となっている。騒音のこともあるし、質も上がるので今回の提案になっている。

・防音シートなどの検討を業者にしていただいたが、足場を設置する余地がないので難しいという結論から、何かないかという相談の中でハーフPC工法の提案があった。

以上の質疑答弁から私が問題と思うことは、以下の3点です。

（1）この質疑答弁の中で、個別に対応しているAさんの話がまったく出されていません。
　委員会でAさんの話を聞けば、考えが変わっていたかもしれません。市当局の姿勢は、初めからお金をかけない方針でやっており、Aさんの問題は当然起こるべくして起きた問題です。そして個別対応をし、アパートに避難の費用はどう考えても100万円程度です。
　このあと、苦情を言う近隣住民はいないと思われる中で、何とも5,500万円の大盤振る舞いです。お金をかけない方針を無視してまでハーフPC工法に変更した理由は、やはり別の問題があるのではないかと勘ぐってしまいます。問題の核心で指摘した①②③（165ページ）の理由に行き着いてしまいます。

（2）議員の質問にも、認識不足、問題の核心からズレている様子が見られます。
　しかも安易に市当局を肯定している様子がうかがえます。議員の認識不足は以下のとおりです。

①敷地いっぱいの設計で作業ヤードが狭く、防音シートが張れないような図面になっていることの理解ができていない。
②市当局は、防音シートの指定をせずに発注していることを理解していない。
③防音規制法の対象となる特定建設作業についての理解ができていない

様子。そもそもO課長の誤った答弁（169ページ）にも気づいていない。RCの型枠工、生コンポンプ車の作業は、特定建設作業にあたらず、規制の対象外となります。実際は生コンポンプ車（写真）の騒音は、階が上がっていくにつれて90dB前後の数値を示しています。

関係の総務生活委員会の議員さんは、新庁舎建設事業についてしっかり理解を深めて、その上で、近隣住民に対する目配りや心配りをしていく立場であるにもかかわらず、心許ない様子です。

（3）議員は、近隣住民に対して不公平や不公正の係わり方があってよいものでしょうか。

私たち近隣住民は、展望台計画を環境問題として、また、総社市民の教養問題や歴史認識が問われる問題として、展望台計画中止を訴えてきました。展望台計画中止の陳情書を4回出していますが、すべて不採択です。

1回目の不採択の理由は「議会で議論を重ねて議決したもので、変えることはできない」でした。しかし、今回の事業の庇についてもRC工法で仕上げることを、議論を重ねて議決しているにもかかわらず、展望台とは異なる対応をしています。議会で決めたことは覆せないというのは、何だったのでしょうか。

同じ環境問題でも、片方は1年で終わってしまうところ、私たちの訴えている環境問題はこれから50年以上続く問題です。にもかかわらず、ほとんどの議員の皆さんは無関心で、大義も公平公正の資質も持ち合わせていないことを露わにしています。

3回目の陳情書では、市当局の「やったふり」の取り組みに問題があることを指摘して、展望台計画中止を求めています。その際にも、市当局は「市民の代表によるワークショップやパブリックコメントを実施しており、近隣住民の存在や生活者の声を無視してきたことはない」と答えています。議員は、市当局に対して問い質すこともなく、労をいとわずに自ら調査するわけでもなく、私たちの声は無視して不採択としています。このことを議員と市当局の馴れ合い体質と言ってきたわけですが、今回の庇設計変更もまさに不都合の極みが露わになったと受け止めるべきです。

　また新たな着眼点も出てきたのでここに紹介します。
　令和6年4月3日に市庁舎へ出向いた際、2階の議会事務室の窓の向こうに見えたものは防音シートでした。令和6年2月〜3月の工事進捗状況を示す広報紙の写真を見る限り、この時点ではまだ防音シートは設置されていません。4月に私が確認した防音シートは、本庁舎の東と南側への設置でした。

令和6年3月、防音シートは未設置

窓の外にシートが見える

防音シート設置場所

　市当局は、特定建設作業がある事業であっても事業費を抑えるために防音シートを張ることはあえてせずに発注しており、建設業者も防音シートを張る指定はされていない（しなくてよい）ことをわかった上で受注しています。また、新たに防音シートを張る際には、門型足場の経費も含めて別途に費用が発生する（請求する）と話しています。

　ではなぜ市当局は当初の計画を変更してまで防音シートを張るようにしたのでしょうか。現庁舎の東側については、来庁者の手前、さも「市民の皆さんの迷惑にならないように配慮して、防音シートを設置してい

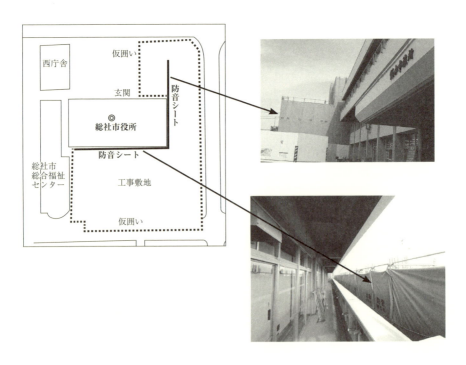

市役所防音シート設置場所

ます」と体裁を繕うためのものであろうと想像できます。

　しかし現庁舎南面については、自分たち職員、市長他執務室の防音対策のために防音シートを設置したとしか言いようがありません。他に何があるでしょうか。
　自分たちのところはしっかり対策ができて落ち着いたことでしょう。しかし、近隣住民側はどうでしょうか。仮設囲いのパネルは、歯が抜け落ちたように開放状態で、生コンポンプ車やタワークレーンや重機の騒音はダダ漏れ状態です。パネル自体には防音効果はありません。

　耳に付いて途切れなく続く騒音は、近くにいる者でないとわからないことですが、かなりのストレスとなっています。犠牲者が一人出ていることはすでにお伝えしています。

　議会では「近隣住民のため」と言って、騒音が軽減できるとして庇の設計変更を提案し、5,500万円の追加予算の承認を得ています。これで近隣住民を納得させられると思っていたのかもしれませんが、これは口実作りでしかありません。自分たちはチャッカリ防音シートまで設置して、どういうことかと言いたくなります。
　うるさいから防音シートを張るように市長が言ったのか、忖度して張るようにしたのかはわかりません。市長はあれほど「市民を愛し、市民が一番、市民に寄り添う」と言っておきながら、近隣住民をほったらかしにしておくのは、どういうことでしょうか。

　市当局が言っていた、防音シートを張る門型の足場を組むスペースがないので設置できないというのは言い訳でしかありません。初めから、計画になかったのです。現場からは道路もあり用水路もあり離れているから大丈夫だろうと思っていたのかもしれませんが、それは近隣住民を

第2章　新市庁舎建設に関わる問題点

軽視した市当局のご都合主義としか言いようがありません。

　この同時期、県庁前の大きな屋敷を解体していたときには、一般住宅は少なく、隣は旭川であってもしっかり防音シートを巡らせて解体していました。これと比べても我が市の市庁舎建設はあまりにもお粗末だと感じました。総社市が、初めから防音対策もしっかりとっていれば、業者はいかようにも考えてやっていたことでしょう。

　ここで最後に、庇設計変更の「他の理由」の①②③に、さらに④を付け加えておきます。

④市当局は、近隣住民のために、騒音が軽減できるとして庇の設計変更を議会に提案し承認を得ていますが、これは、新庁舎南側に防音シートを張らないことの批判をかわすための方便で、まさに近隣住民をダシにして、自分たち市当局のご都合主義で設計変更をやったのではないか。

　私たちは、このような市当局のデタラメぶりを許すわけにはいきません。市も近隣住民と同じスタンスでいるべきです。庁舎側は生コンポンプ車も重機も入ってこない所なのですから、近隣住民と同じ立場に立って、防音シートの設置はなしにし、無駄な経費を使わないようにすべきです。
　市長をはじめ職員は皆、自分たちはガマンして近隣住民の皆さんを最優先にして防音対策をさせていただきますと言うのが、本筋ではないでしょうか。

　業者のやっていることでは、令和6年8月に入って3日間、削岩機を使った作業が続いています。これは特定建設作業に該当するため、防音シートを張って作業をしています（次ページ写真参照）。3日間も削る

ということは、生コン打ちがよほど計画どおりにできていなかったのだと想像します。総社市の得意のビルド＆スクラップです。

市当局も業者も防音シートは張れないと言っておきながら、法に触れるところはきちんと対応するように変わってきています。

その反対に、生コンポンプ車のほうは、90dBを超える数値が見られても、ダダ漏れ状態で作業を行っています。こちらのほうは法に触れないのです。近隣住民にとっては、大変迷惑であり、問題があれば個別対応をしますと工事説明会で回答していますが、実際は我慢して泣き寝入り状態になっています。

これまでの「庇の設計変更」の問題と「屋上展望台の計画」の問題について、K議員、MA議員は令和6年6月定例議会で次の一般質問をしています。

K議員（令和6年6月21日）
新庁舎建設について
（1）騒音振動について
①昨年11月議会で可決した案件を一般質問されることについての認識はどうか。
②昨年11月議会で庇の契約変更が可決されたが、この工事は騒音規制の対象となる特定作業に該当するのか。
③新庁舎建設の施工前から騒音・振動対策について設計会社や施工会社と十分な打合せはできていたのか。

④市として一貫性のある説明や答弁ができていると認識しているか。
⑤近隣住民から騒音被害の苦情がでているが対応や対策はどうか。

MA議員（令和6年6月24日）
ファシリティマネジメントについて
（2）庁舎管理費の削減策について
①現庁舎の庁舎管理費はいくらか。
②新庁舎移転後の庁舎管理費は年間いくら程度の見込みか。
③移転に際し備品はどの程度の購入額を見込んでいるのか。
④維持管理費削減のため新庁舎屋上の展望台を白紙撤回してはどうか。

　これらに対して、市長は庇の設計変更については「深く勉強して、業者任せにしないということをやっていきたい」と言い、展望台については「やらせてほしい」の一点張りの答弁でした。

> K議員の質疑から見えてくるもの

　総務生活委員会の委員（議員）を簡単にあしらって、設計変更の5,500万円を承認させ、本会議においてもMA議員、YB議員の質疑もままならならず、多数決の論理で議決に至っています。当初からRC工法でやると一旦議会で議決しておきながら、騒音問題の犠牲者が出てくると、U部長は「因果関係、本当に騒音によるものかどうかは証明できない」と言いながらも、ハーフPC工法への変更を求めています。血税の5,500万円が簡単に遣われてしまうことは、委員にも責任問題があります。
　そしてK議員の「市当局は業者の言いなりになっている」という指摘に対して、市長は「私も忸怩たる思いを持っています。……主語は総社市役所。……これからのあり方としてもっとよく深く勉強して、業者

任せにしないことをやっていきたい」などと答弁していますが、まさにこれまでのご自身のことを言っているのではないかという印象です。

> MA議員の質疑から見えてくるもの

　新市庁舎建設の現状と将来へのツケを推し量る質疑の中で、今後の維持管理経費削減のためにも、新庁舎の屋上に現在建設が予定されている展望台を白紙に戻してみてはどうか。展望台ではなくてもよいのではないかと質しています。また、市庁舎への火の見櫓の設置は、真の防災拠点にはならないことも訴えています。

　市長は展望台の維持管理費は面積按分で見ると、大したものではないという姿勢を取り、多くの市民が展望台で総社市を見渡して元気が出るとか、総社市を知ることが目的で、展望台があるほうが価値が高いと答弁しています。

　またここでも市長は、一度議決したものは変えないという主張をしていますが、では血税の5,500万円を遣って行う「庇の設計変更」はどうなるのでしょうか。市当局は一度議決したものを恣意的に誘導して再議決させています。K議員が指摘しているとおり、まさに一貫性のなさが露呈しています。

　ＭＡ議員は当初から総工費が100億円を突破することなどは聞いていないことで、だからこそ考え直す必要があり、立ち止まるべきときには立ち止まるべきと反論していますが、議長の制止で終わっています。

　展望台の計画は、近隣住民の私たちに大いに迷惑をかけ、今後もずっとストレスを抱える生活を余儀なくされようとしていますが、市長はこの事態に背を向け、近隣住民の声を無視したままでいることに不快感を覚えます。市長自身のモットーに「透明性」「公平性」「平等性」を掲げていますが、本当にそのとおりになるよう、行動しているでしょうか。

10　4回目の陳情書　不採択から見る不都合な真実

　4回目の陳情書は、令和6年3月11日に総務生活委員会で審査がおこなわれました。
　今回の陳情書はこれまでのものよりもかなり意味合いの強いものがあり、結果次第では市当局、議員（委員会）の姿勢が一層大きく問われるものと考えていました。

　すでに庇設計変更の問題については、前項で触れてきました。市当局は、庇の設計変更にかかる5,500万円の予算追加を議会に諮っています。表向きは近隣住民の騒音対策として、RC工法からハーフPC工法にすれば、騒音の発生を低減できるというものでした。そもそも現場打ちのRC工法の選択は、事業費を安く抑えることが第一の理由でした。その上に、敷地内ギリギリに図面を引いており、騒音規制法の対象となっている特定建設作業があることを分かっていながら、近隣住民との間には道路もあり、用水路もあり、「騒音は問題なし」の見解で「防音シートは指定しない」で発注しています。

　従って防音シートを設置して工事を進めるとしたら、その分の足場代、防音シートのリース代などが加算される上で、業者は、令和5年1月30日の工事説明協議会の席で、「防音シートは増やすことはできます」と発言しています。

　そして、市当局も業者も口裏を合わせたように、工事が始まって半年経ってから、防音シートの足場が組めないことが分かったと言っています。騒音の苦情を訴えたAさんの問題が起きたこととリンクしています。

市当局は、当初に計画していた自分たちの不手際を棚に上げて、庇の設計変更を議会に上げ、総務生活委員会で審査を受けて5,500万円の追加予算を議決しています。
　またM議員は、一度議決したことは変えられないことを理由にして第1回目の陳情書を不採択にした経緯があります。ところがどうでしょうか、一旦RC工法でやることを議会で承認しておきながら、当局の言うことにはあっさりと同意し、議決してきたことを変更するに至っています。自分の言っていることとやっていることに齟齬があることを理解しているのでしょうか。これらが、双方の大きな問題点です。
　4回目の陳情書は、これらの経緯を踏まえて、市当局と議員（総務生活委員会）に問題提起する形で提出しています。

※巻末資料：陳情書④

　3月11日（月）の総務生活委員会の陳情書の審査は以下のとおりです。

YA委員長：本件について当局からご意見があればご発言願う。
O課長：特段にない。
YA委員長：はい、M議員。
M議員：こういう陳情を出されたことに関して、読ませていただき思いは分かった。私は前回同様、今回も不採択として意見を述べさせていただくが、この中身が展望台の中止という一番の趣旨の部分が変わっておらず、それに対する反対意見は何度も述べさせていただいた。議会として一度否決したということがある。それ以外にも、住民の合意形成が得られていない、説明がなかったというところも、前回も書かれていた。当局でもパブリックコメントや、ワーキンググループで市民の意見を聞いていると理解している。この陳情の中身自体を採択することはできな

いと考えているので、今回も不採択ということで意見を述べさせていただいた。
YA委員長：不採択以外の意見はないか。
（異議なし）

　今回の陳情書の中では、市当局がとった「庇の設計変更」は、近隣住民に対する騒音対策として「SDGsの環境を守る視点」から実施したことを賞賛し、評価する立場で陳述書の件名に盛り込んでいます。悪く言えば褒め殺しです。

　市当局が、真に近隣住民の騒音問題を配慮して設計変更をしたのならば、事は重大です。もう1年もしないうちに、騒音問題は解消するのに、そして、騒音を訴える第2のAさんが出てくれば、また同じような対応をすれば済むところであるにもかかわらずです。景観問題や歴史認識問題を抱えている展望台の計画は、できてしまえば50年も続く問題となります。

　同じ近隣住民に対する市当局の差別的な行為は、50年前に元町筋を作る際に、非国民と罵ったあの市会議員と同じではないでしょうか。

　また、不採択を発した議員の説明にも2つの問題点があります。
　1点は本項の冒頭でも触れていますが、議員は、議会で一度決議したことは覆せないという発言をしています。ところがどうでしょうか、RC工法でやると議決しているにもかかわらず、ハーフPC工法への設計変更はあっさりと認めています。

　令和5年11月7日の総務生活委員会では、議員は「ハーフPC製品を当初から想定できなかったのか」と質問していますが、まったく論点からずれた質問です。事業費を抑えるために、RC工法でスタートしてい

ることすら理解できていないように見えます。

　そして、総務生活委員全員が「異議なし」と応えているのですから、真に罪深いものがあります。

　もう1点は、「パブリックコメント、ワークショップ・ワーキンググループで市民の声は聞けている」という市当局の答弁を鵜呑みにしている点です。市当局も議会も相互扶助的にやっていかなければ前に進んでいかないのは事実で、これが時には馴れ合いとなっているのも事実です。議員は馴れ合いなどないと言って、第3回目の陳情書も不採択としていますが、そもそもM議員は「市長派」を自認し公言もしているのですから、当局寄りの姿勢を取るのは当然と言えば当然です。

　しかし、近隣住民が訴えていることに対しては「自分でもここまで調査して、市当局の言っていることは違いない」というのであればそれはそれで、納得しますが、当方が確認している限りでは余りにも酷いものであるがゆえに、訴えているところです。この点については、これまでの陳情書や議員に配布した資料並びに新庁舎建設小委員会の開示資料を今一度振り返ってご確認ください。

　そんなことはないだろうとおっしゃる方には、具体例を2、3紹介してこの項を閉じることにします。

①パブリックコメントの扱いについて

　次ページのとおり、パブリックコメントについてKB議員の貴重な質疑を見ることができます。

【第15回新庁舎建設小委員会】令和3年7月13日

KB委員：パブコメにも展望台のことが書かれており、費用面を含めさらに検討していくとも書かれている。今の説明では、もうこのままでいきたいということでよいか。変更なしで。

O課長：パブコメについては回答を7月7日にもうすでに出している。小委員会を開いていない段階だったので、その段階では検討をさせていただくということで回答している。

YA委員：今ある意見の中でとくにこれはというもの、取り入れる余地があるというもの、前向きに検討すべきものなどがあればご紹介いただきたい。

O課長：今のところしぼり込んでいない。

　O課長は、パブコメの内容（展望台のコメントに対しても）については、小委員会待ちのため「検討させていただく」という回答をしたと答弁しています。

　しかし、その後の答弁を見ると、パブコメの意見を採用するのは市当局であって、新庁舎建設小委員会は市当局の動向を確認する程度の立場にある様子が見えてきます。少なくとも展望台の件について、小委員会で協議している場面は見ることはできません。

　市当局は、検討するという言葉を並べるだけの扱いしかせず、これを胸を張って市民の声を聞いたとか言えるでしょうか。

　ワークショップについても、ほとんどやらせでやっていることはすでに紹介してきたところです。広報紙についても、小委員会での興味深いやり取りが見られますので、次に紹介します。

②市当局の情報発信について

【第16回新庁舎建設小委員会】令和3年7月28日
T委員長：情報発信について意見はないか。こちらでずっと当局に申し上げてきたが、もっと早く「見える化」というか、市民にお出しするべきではないかと言っていたが、それも遅れた部分もあった。今後はこういった形でしっかり情報発信してもらいたい。やはり新聞に載ったのが正解だった。市民から多くの意見が出てきたので。パブリックコメントの前に出すべきだったという意見もあったが。
KB委員：一般の市民の感覚として、図面や絵があるとだいたいわかってくる。市民のことをバカにしているのではないが、そういう感覚でとらえているのでは。なぜもっと早く出さなかったのか。
T委員長：今後の実施設計や工事の段階において新庁舎整備のプロセスを市民に対して「見える化」が図られるよう、あらゆるメディアを活用して積極的な情報発信に努めることとさせていただいているが、やはりこれは必要だと思う。

（中略）

YA委員：「広報そうじゃ」で一応見開きでは出していただいたが、これだけでは伝えるのは難しい。例えば「広報そうじゃ」で特集ページを組むとか、他市でもやっているように号外を出して、この新市庁舎をなぜ建てなければいけないのかということも含めて、しっかりと発信していただきたい。当局の担当者はホームページに基本計画等を出しているからそれを見てもらえばいい、と言うかもしれない。しかしそれは市民に対してていねいではないと思う。しっかりていねいに説明をしていただく必要がある。

この委員会にはＭ議員も出席して、各議員の声を聞いていたはずですが、何の反論もしていません。
　情報発信、中でも市民が一番目にする広報紙について、市当局はあまりにも消極的な姿勢で、どちらかと言えば市民に分からないように、悟られない程度に出している状況でした。これをＫＢ議員は痛烈に批判しています。ほんとに「市民をバカにしている」のかもしれません。また、ＹＡ議員も、市当局が「ホームページを見れば分かる」といった発言はしてはいけないとダメ出しをしています。

③聞く耳を持たない市当局の姿勢

　次に紹介するのは、事業費を少しでも縮減できないかの議論の中で、見られる市当局の姿勢です。
　展望台や議会棟外周の日よけ格子をやめれば、１億3,000万円程度縮減できるにもかかわらず、どうしてもやるつもりでいます。機能面重視で作ればよい市庁舎を、そんなに豪華にする必要があるでしょうか。質実質素な庁舎であっても、住民サービスは群を抜いていいと言われる総社市政を目指してほしいものです。

　ここでもうひとつ気になるのは、展望台は作る方向でいるということです。７月13日の小委員会では、パブリックコメントの展望台については検討すると回答していても、６月２日時点ですでに展望台は作ると表明しているのであれば、もう検討の余地はありません。
　市当局は、検討、検討と言葉遊びをしているだけです。こんな状況は、新庁舎建設小委員会委員のＭ議員は百も承知で、陳情書に対して不採択を発しています。市当局の聞く耳を持たない姿勢は、次の小委員会でも見ることができます。

【第14回新庁舎建設小委員会】令和3年6月2日

YA委員：展望ロビーをなくしてしまった場合、また議会棟の外壁の格子状の日よけのデザインをなくしてしまった場合、いくらくらい予算が下がるものなのか。

O課長：展望部分についてはおおむね3,000万円くらいの金額が減ると考えている。議会棟の外壁については9,000万円から1億円ほどの費用がかかると見ている。

YA委員：9,000万円の部分は何か違うものや、そもそもなくしてしまうということは、今後実施設計までに検討する余地はあるのか。それともこのままいくのか。

O課長：展望台にしても日よけにしても、できればつけさせていただきたいと考えている。

YA委員：本庁舎側にこういうルーバーのようなものはない。多目的側だけどうしても日よけが必要で、それに約1億円もかけると言われると、ちょっとどうかなと思ってしまう。

T委員長：以前にも話が出たが、議会棟を覆っている茶色の格子、私は不要だと思っているが。

O課長：数値的なものはすぐには分からない。実際には日よけの部分も当然ある。それが存在することで暗くなりすぎないような形で格子の大きさや長さを工夫し、シミュレーションしていきたい。

TA委員長：これをつけることで1億円の違いがあるということだが、これをつけることで例えば内側の部屋の中にはブラインドなどが一切なくてもよいということか。それとは別にブラインドは必然的につけて、ということなのか。

O課長：完全に覆われるわけではないので、実際にはブラインドは必要になると考えている。

T委員長も1億円倹約しようと、格子は要らないと真剣に訴えているのに、市当局は糠に釘状態です。そしてある議員からの「横やり」が入って、この議論は終わりとなっています。
　確かこの議員も市長派だったはず。せっかく議長になったのに公職選挙法に触れて一日も務めずに議長の席を降りています。総社市が食い物にされる方向に持っていかれないようにと願っていますが、本当に困ったものです。

第 3 章

合併特例債を使った事業は投資と言えるのか

第1節　総社市の手掛けた合併特例債の事業は

1　新市庁舎建設事業費は100億円を突破

　第1章第2節でご紹介したとおり、石原公園の樹木や市役所通りの街路樹が撤去されています。市長が手がけた総社市環境基本計画には「緑あふれる景観形成に努める」ことが示されているにもかかわらずです。お金はないし、手間も省けるというのが大方の理由で撤去したとしか思えないありさまでした。

　図書館の玄関前のアメリカフウも、今は電信柱のように変わり果てた姿になっています。シーズンになると、このアメリカフウの落ち葉が道路向かいの民家にも風で飛んでいってしまいます。町内では片付けはするがゴミ袋は提供してほしいことをお願いしています。迷惑だから木を切ってしまえなどとはひと言も言っていません。

　図書館の職員が、切り詰めて低くすれば落ち葉を減らせると考えてやったようです。
　昨年も同じように切り詰めていました。そのときは、図書館はどういうところか考えたことがあるのかと、職員を問い詰めたことがありました。

　子どもも成人もお年寄りも、多くの市民が利用し、ときには教育の場となり、ときには癒しの場となっている図書館に、電信柱のような木は相応しくないことを懇々と話して聞かせたにもかかわらず、また、今年も同じようなことをやっています。

無残に伐られたアメリカフウ

　写真左は一度伐られた図書館前のアメリカフウです、右は３度目に伐りつめられたアメリカフウです。

　昨年約束したことではなかったかと問い質しても、口を濁してハッキリと言いません。ちょうどそこに居合わせたボランティアさん（元同僚教員）が「大変なんだ」と言い返すばかりです。

　落ち葉かきは一年中あるわけではありません。今までずっとやってきたことをなぜ今になって「大変だ大変だ」というのか不思議に思い、これは何か別の理由があるのかもしれないと思って調べてみました。

　毎年蔵書が増え、利用者も増えていく中で（利用者の実数は未確認）、総社市の図書館は対応できる職員が足りないのかもしれません。落ち葉を拾い、図書館の周囲を清掃する時間もないほどに、大変なのかもしれません。

図 書 館 職 員 調 べ

	2023年 R5年	2022年 R4年	2021年 R3年	2020年 R2年	2019年 R元年	2014年 H26年	2009年 H21年	2004年 H16年	1999年 H11年
総社市	館長兼務 9	館長兼務 9	館長兼務 9	館長兼務 9	館長兼務 9	館長含む 8	館長含む 8	館長含む 11	館長含む 10
倉敷市	35	33	31	32	22	18	20	27	25
（玉島）	9	9	9	9	4	4	5	6	7
（児島）	11	11	11	11	4	5	5	6	6
岡山市	56	54	51	53	47	37	31	32	29
（幸町）	21	19	18	19	18	15	14	15	13

岡山県教育関係職員録より作成

　岡山市、倉敷市、総社市3市の図書館職員数を調べた結果が上の表です（岡山市は2館にとどめています）。全体の傾向は、平成16年以降平成20年代はおおむね減員となっています。平成20年はリーマンショックによる世界的な金融不安により株価が大暴落した年です。米国経済の減速が対米輸出を停滞させ、アジア諸国への輸出も減少し日本経済が大きく揺らぎました。その上に、原油価格高騰による海外への所得流出に伴い、企業や家計は大きな負担を強いられる状況の中で、各自治体の財政のやりくりの大変さがこの表にも表れているのでしょう。

　平成20年代後半から、岡山市と倉敷市は共に職員数を回復させ、リーマンショック以前の人員よりもはるかに多く、増員されています。
　ところが総社市は現在、館長兼務の9名です。実質は平成20年代と同じ8名のままです。人員不足となると「外の落ち葉かきなどやる時間はない」「アメリカフウさんゴメンなさい」と、朽ち果たし作戦を実行しているのかもしれません。

道路を直してほしいと訴えても、お金がないと言って拒否したり、公園の樹木の伐採や街路樹の撤去を平然とおこなったりしているのが、市政の現状です。

　お金がないのなら、ないなりに工夫しているのかといえば、そうでもありません。例えば、市役所通り・中央文化筋・倉敷総社469号線などは街灯が整備され、夜の街がかなり明るくなっています。深夜0時を回って人影はなく、行き交う車も見られない中、明け方まで明るく照らし続けています。市はSDGsの目標と連携した第2次環境基本計画の策定をしておきながら、節電などの目標には目をつむったままです。深夜0時を過ぎたら照明は半分に落とすなどの工夫もできることですが、肝心のところが抜け落ちています。

　令和6年3月12日夕刻のテレビでは、市長が被災地の石川県七尾市にテント村を支援するというニュースが流れていました。野口健氏と七尾市長に総社市に来てもらい、共に並んで記者会見をしています。市長は「誰もやらんから」と声高に発していましたが、我が市の台所事情は分かっているのでしょうか。大いに疑問です。

　さて本節はここからが本題です。
　次の2つの表は、第2章第2節5項においても紹介した、令和4年7月に出された新市庁舎建設基本設計説明書に示されたものです。建設事業費は91.4億円が計上されています。事業費についての議論は新庁舎建設小委員会、特別委員会で見ることができます（一部抜粋・要約）。

新庁舎建設基本設計　2021（令和3）年6月
概算事業費・財源計画

5. 概算事業費・財源計画
【概算事業費】
基本設計における概算事業費は以下の金額を見込んでいます

項目		金額（税込）
建設工事	新庁舎	約 71.6 億円
	付属棟	約 5.4 億円
小計		約 77.0 億円
外構工事		約 2.8 億円
解体工事		約 3.2 億円
備品什器		約 3.6 億円
移転		約 0.5 億円
設計監理		約 4.3 億円
合計		約 91.4 億円

※概算事業費については現時点での試算であり，今後，さらに詳細な設計を行い必要な工事費や設備費を積算するため，事業費は変わる可能性があります。

【財源計画】
財源計画については，合併に伴う財政支援である合併特例債，庁舎整備事業基金等を財源とします。

区分	金額	説明
合併特例債	約 55 億円	総社市が利用可能な合併特例債残高
上記以外	約 36.4 億円	○一般単独債 　合併特例債に該当しない部分は，一般単独事業債を適用 ○庁舎等整備事業基金 ○一般財源
合計	約 91.4 億円	合併特例債の活用による交付税措置額は約 38.5 億円を見込む 市の実質負担額は約 52.9 億円（起債償還利子分は含まない）

総社市HPより転載

【第14回新庁舎建設小委員会】令和3年6月2日

KB委員：外観も含め、デザイン的には箱のようなものを単純に作っていけば経費的にはすごく安くなる気がする。予算とのバランスがあって、例えば個人が家を建てるとき、手持ち資金が2,000万円、借入が3,000万円で、5,000万円の範囲内でこんな家にしてほしいと業者に依頼する。要望をどんどん足していくと6,000万円になったと。

予算的には無理だから5,000万円でできるだけ希望に沿ったものを作ってほしい、ということになると思う。市庁舎もいろいろなものがどんどん足されていって、金額もどんどん膨らんでいく気がしてならない。ある程度の限界を決めておいて、その中で要不要を区別していき、最終的にこういう形でいきます、というのがいいと思う。最初の50億円からどんどん膨らんでいき、どこまでいくのか、これから見直したらまた増えるのではないか、そんな思いがある。

O課長：全額の費用についてはこれから実施設計の中でも少し抑える方向も含めて考えていきたい。たしかに外観を単なるビルディングにすれば費用はぐっと抑えられる。ただ総社市のシンボルとしてという最初のコンセプトもある。その中でできる限りのものをという形で作らせていただいている。

50億円というお話があったが、その金額は建物のみのもので、解体や設計、外構も含めての金額ではない。実際には建築部分だけでいうと、それほど大きくは変わっていないと考える。

KB委員：外構も解体も含め、全部でだいたい91億円くらいでおさまりそうか。

O課長：あくまで設計金額という形なので、実際に審査等をすれば少し下がる可能性はあるかと思う。

【第15回新庁舎建設小委員会】令和3年7月13日
TB委員：基本設計ができてこれから実施設計になる。これだけパブリックコメントがたくさん出て、プラスあるいはマイナス。どれくらいになる予想か。例えば90億円を切るようなことになるのか、あるいは95億円くらいまで上がるか、それはないと思うが、そのあたりはどうか。
O課長：今のところわからない。なるべく抑えていきたいという方向性だけは持って進めていきたい。
TB委員：これから実施設計がすんで入札ということになるが、安くなるか。まだわからないか。
O課長：現段階ではわかりかねる。

【第6回新庁舎建設特別委員会】令和3年8月31日
MA委員：建設にかかる費用がどんどん跳ね上がっていることに言及がないが、提言書には抑制に努めるという文言があった。ここまで上がってきた経緯、今後の動向、そのあたりの調査はされたのか。
T委員：小委員会の会議でも、その決定に関してはさんざん当局とやり取りをした経緯がある。当局は何人かの議員が建設か耐震化かと言ったときに、当初40億円くらいではないか、とか、60億円から80億円になって90億円になったという。
当初は解体費等を含めていない金額で答えていたので、この91億円というのはそういうものも含めたものだということで、決してやみくもに膨れたものではないという説明があった。全体図には当初の計画になかった倉庫があり、当局からどうしても必要であるとしてこれに3億円が追加されている。
MA委員：解体費が含まれていない金額というのは、ここで急に示された、展開としてはいかがなものか。今後も金額や入札は、厳しくチェックしていただきたい。総社市としてかなり大きな金額の動く事業。よからぬ噂が飛び交っていることも私の耳に入っている。

T委員：当初、新庁舎、耐震化か新設かという段階で、当時は保健センターはかなり建設期間は本庁舎に比べて短いので、当初あれは建て直しという観点があまりなかったように思う。
しかし3年前の西日本豪雨の際にフル回転したということでかなり老朽化が進んでしまって、この保健センターの解体・新設の部分がかなりウェイトを占めているのではないかと推察される。
MA委員：保健センターが追加されたのは承知している。要は30年、50年先まで考えていないといけない。引き続き厳しい目で監視することが必要だと思う。当局から出されたものをそのままではなく。

　保健センターの解体については、庁舎建設庁内検討委員会で話している箇所があります。T議員の答弁と比較してみてください。

O課長：保健センターは昭和61年建設で、耐震的には問題ない。ただ修繕にお金がかかるので、そこをどう考えるか。修繕費用がかかるから倒すのか、修繕しながらでも使い続けるのか、そこはFM計画でも検討することになるが、現在はそこまで検討できていない。
副市長：ではどうする。構想の中に入れるのか、入れないのか。
O課長：社協、保健センターの部分は倒すという文言は組み込んでいない。保健センターの機能は12,000㎡に入ってないね。
保健センターの執務室で使用している3階は入っている。
副市長：保健センター機能を新庁舎に入れるなら12,000㎡にのっかってくるということか。
O課長：前回も話があったが、保健センター機能は清音に持って行ったらどうかという話があった。
副市長：前回はいなかったから、どうなったかと。

N部長：構想の中には倒すでいいと思う。保健センターは倒して、保健センター機能は清音を有効活用するとかで。
副市長：会長のは。（筆者注：社会福祉協議会会長の管轄の意味）
N部長：それは保健センターだから。社協はこちらがいいということなら市と密な連携がいるので、新市庁舎内に事務所を確保するという検討委員会の結論にすればいいのでは。
O課長：6ページに施設の老朽化が進んでいることは書かせていただいている。
N部長：このあとに書けばいいのでは。西庁舎は新庁舎へ統合するのでは。
O課長：はい、それは耐震的に問題があるということが前提にあるので。保健センターについては老朽化は進んでいるが倒しますとは表記していない。はっきり表記したほうがいいならば表記する。
副市長：実際、倒すんでしょ。
N部長：私は倒したほうがいいと思う。
副市長：ただ玉突きがあるから時間差攻撃みたいになるわけでしょ。
N部長：南に建てるときに、これを残して建てるのか、先にこれを倒して建てるのか。裏の進入路は潰せばいいと思っている。先に倒せばもう少し西に（新庁舎を西に動かせる）。

　ここまでは、新市庁舎建設基本設計の事業費に関わる内容でした。
　KB議員の「50億円からどんどん膨れて……」については、O課長は、建設本体を50億円で提示していたことはあったが、建設本体が膨れているのではないことを指摘しています。それにしても、外構、解体、追加の建物等々で91.4億円まで膨らんでいることに、TB議員は95億円まで膨らむことはないのかと心配な発言もしています。
　その後の特別委員会では、MA議員、T議員の質疑答弁に注目です。
　T議員は小委員会委員長の立場にあり、市当局から受けた説明をその

まま「やみくもに膨れたことで91億になったのではない」と伝えています。「やみくもに膨れたのではない」は、本当にそうでしょうか。第2章でも指摘したとおり、複数の委員（議員）が事業費削減の提案をしているにも関わらず、市当局は、既定路線であるからと言って聞く耳を持たずに、事業費を膨らませてきました。

　また、T議員は保健センター取り壊しについても触れていますが、庁舎建設庁内検討委員会のやり取りを見れば、解体理由は後付けでもいいということではないでしょうか。築35年程度であっさり倒してしまおうというのは、あまりにも市民の財産を無駄にしているとしか言いようがありません。仮に保健センターを倒すということであれば、解体費用、その跡地に作る倉庫棟費用等も含めたらどれくらい事業費が必要になるのかは、まったく触れていません。この場では、構想の初めの段階だからという言い訳は通用しません。

　市当局には、上限を決め、そこを超える場合はどんな工夫をしたらよいか、現在使える施設をどう使っていけば事業費が抑えられるかなど、常に総事業費を念頭において構想を練っていくべきところ、まったくお構いなしの様子です。もちろん借金がどれくらい膨らむのかの協議なども見ることはありません。前ページ以外でも見られる庁内委員会の議論は、稚拙というか舞い上がっているというか、本当にいただけないものがあります。

　ここまでは、建設基本設計の事業費についてでした。これを受けて実施設計が令和4年7月に出てきますが、最終の事業費はどうなっているでしょうか。O課長は「全額の費用については実施設計の中でも少し抑える方向も含めて考えていきたい」「なるべく抑えていきたいという方向性だけは持って進めていきたい」「下がる可能性はある」などと発言していますが、果たしてどうなっているでしょうか。

実施設計の事業費は、第2章でも触れていますが、以下のとおりです。

新庁舎建設実施設計　2022（令和4）年7月
概算事業費・財源計画

【概算事業費】
実施設計における概算事業費は以下の金額を見込んでいます

項目		金額（税込）
建設工事	新庁舎	約　72.3 億円
	付属棟	約　5.8 億円
小計		約　78.1 億円
外構工事		約　3.1 億円
解体工事		約　6.8 億円
備品什器		約　3.8 億円
移転		約　0.5 億円
設計監理		約　3.7 億円
合計		約　96.0 億円

※令和4年7月時点の金額です。今後、物価の上昇や入札の状況等により金額が変更となる可能性があります。

【財源計画】
財源計画については、合併に伴う財政支援である合併特例債、庁舎整備事業基金等を財源とします。

区分	金額	説明
合併特例債	約 55 億円	総社市が利用可能な合併特例債残高
上記以外	約 41 億円	○一般単独債 　合併特例債に該当しない部分は、一般単独事業債を適用 ○庁舎等整備事業基金 ○一般財源
合計	約 96.0 億円	合併特例債の活用による交付税措置額は約 38.5 億円を見込む 市の実質負担額は約 57.5 億円（起債償還利子分は含まない）

総社市HPより転載

新市庁舎建設に関わる事業費は、基本設計の事業費からさらに膨らんで約96億円となっています。O課長の期待をしっかり裏切っていることになります。なぜ、このようなことになるのでしょうか。

　開示請求で得られた資料を繰って見る限り、新庁舎建設小委員会の真剣に対峙している委員からは、節約するための意見を見ることができます。

　しかし、機能的な新市庁舎を作る視点から見ていくと、必要でない多目的ホールや展望台も計画ありきで進め、議会棟の１億円もする格子飾りは不要との意見も無視しています。さらに、十分使用に耐えられる保健センターも取り壊し、何が何でも６階建てにして一極集中を図ろうとするなど、やりたい放題の結果がこの事業費約96億円につながっています。上限を決めていないのですから、当然の成り行きということになります。しかし、まだこれで終わってはいません。次に示すとおり、追加の補正予算等により、令和６年３月現在で100億円を超えているありさまです。

```
令和４年７月              実施設計事業費　約96億円
令和４年11月臨時議会      補正予算　４億8,000万円
令和５年11月定例議会      庇設計変更　5,500万円
同上                      補正予算　５億7,300万円
                          事業費合計　約107億800万円
```

　市当局は、事業費の上限を決めていないので天井知らずの状況になっています。このような事態を、各議員はただ見ているだけというのであれば何とも歯がゆいばかりです。事業費が100億円を超えても、国からの交付金で38.5億円戻ってくるので、まだ大丈夫とでも思っていたので

しょうか。この38.5億円についても、O課長の怪しい答弁を見ることができます。

【第14回新庁舎建設小委員会】令和3年6月2日
O課長：財政的な見通しについて、合併特例債の期限もあるが、合併特例債の残りの金額をすべて庁舎につぎ込み、残りは起債なり基金でまかなっていくという方針は変わらないと考えている。実際には今のところ合併特例債の金額については55億円を見越している。実際にはその中でその55億円の70％が交付税措置をされるということなので、金額的には交付税算入額というのは38.5億円ということを、単純に70％を掛けた場合はそうなる。持ち出しについては基本計画の段階では50.5億円ということになっていたが、それは88.3億円ベースで考えた場合であり、実際には残額として52.9億円が本市、市としての実質的な持ち出しになると考えている。

　国からの交付税は、38.5億円だったでしょうか。
　70％を掛けた上に、財政力指数0.4を掛けたものが実際の交付金15.4億円となります。これをO課長は分かっていながら「単純に70％を掛けたら」といった発言をしています。各委員（議員）が、財政力指数があり、交付金額は15.4億円になることの説明を聞かされていたら、また異なった反応があったかもしれません。

　100億円超でも38.5億円が戻ってくるのと、15.4億円しか戻ってこないのでは大違いです。市当局の既定路線で突っ走ろうとして、あえて委員には知らせない策略だったのならば、大したものです。議員のみなさん、しっかり舐められていますよ。

2　膨らむ借金と右肩下がりの財政調整基金

　新市庁舎建設事業費は、現時点で約107億円に達しています。国からの交付金は15.4億円ですから、市の負担は91.6億円となります。このような数字を誰が想像していたでしょうか。
　小委員会（第13回令和3年4月26日）のTB議員の質疑で、山陽新聞で88億円の数字が出たときに「おい、市役所は88億もかかるんか」と訴えてきた市民がいたと発言しています。その時点で、議員に知らされていた事業費は73.5億円ですから、天井知らずのまっ最中であったところでしょう。
　91.6億円のうち、自己資金でどれだけ充当するのかは分かりませんが、大方は借金でしょう。すると、毎年の元本返済と金利子の支払いはいくらになるのでしょうか。

　しかし、それだけではありません。総社市は合併特例債発行可能額の171億770万円をすべて使用しています。新市庁舎建設事業で使われる55億円を差し引いた121億770万円に対して約34億円の交付金が出ますから、残りの約87億円も借金となります。財政調整基金などからの繰り入れをしなければ、合計178.6億円の借金となります。
　ちなみに、「総社市中期財政見通し令和6年度～令和10年度」によると、令和6年度の借金は334.9億円となっています。この借金の返済についてY課長は以下の答弁をしています。

【総務生活委員会】令和5年12月13日
　Y課長：借金返済額は徐々に増えていきます。令和11年度以降に30億円を超える見込みで、一般財源を大きく圧迫していきます。金利も上昇

傾向にありますので、借金返済額をできるだけ抑えるためには、借金の額をセーブするしかありません……。

　令和5年11月定例議会のMA議員の質疑の中で「来年度予算編成をするのに財調を切り崩さないといけない。数十億円単位で財調から持ってこないといけない」と発していた財政調整基金は以下のグラフのとおりで、令和5年から一気に下げていき、平成20年前後の状況に逆戻りしています。

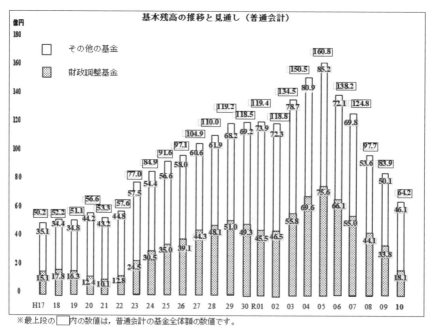

総社市中期財政見通し令和6年度～令和10年度より転載

この財政調整基金について、Y課長の見解は以下のとおりです。

Y課長：財政調整基金の残高は、令和5年度をピークに令和6度以降大幅に減っていく見込みです。……令和10年度には残高18.1億円と、災害時を想定して確保しておきたい約34億円を大きく下回ります。基金全体では64.2億円の残高があるとはいえ、この見通しを裏切れるような財政運営に努めていく必要があります。

　経常収支についても同様に、悲観的な内容となっています。
　経費と収入の割合で、健全財政としている基準の数値は85％としているにもかかわらず、徐々に悪くなり、令和8年以降はリーマンショック当時と同程度の94.0％前後が予測されています。
　ならば、冒頭で示した図書館職員数等は依然として改善されないまま継続していくということになりそうです。

　経常収支の数値を健全化していくためには、分母の経常的な収入の確保にも注目したいところですが、新市庁舎においてはシンボリックな展望台をつけ、一極集中の立派な庁舎を作っても、これで収入が増えていくわけではありません。事業の中の雪舟記念公園等は、1市2村の合併特例債の事業としてはいかがなものかと思ってしまいます。
　合併特例債の使用は、「利益を得ることを目的とした施設の整備など」には使えない、いくつかの制限が定められています。しかし、間接的に利益を生んでくれる事業であれば、それは戦略的に進めていく工夫があってもよいのではないでしょうか。

　令和5年の正月早々にTB議員を尋ねた際に聞いた話ですが、維新地

区にはゴボウの加工工場もあり（現在は操業停止）、ぜひこの地区にモヤシ工場を誘致しようと働きかけたものの、肝心の水内橋は大型車の通行は厳しく、誘致を断念したとか。そのモヤシ工場は矢掛町に決まり、現在工場を３つも増やして生産にあたっていると聞きます。橋の規制に早く気付いていれば、合併特例債を使って新たな橋を付け替え、総社でモヤシ工場が稼働していたら、経常収支の分母を少しでも大きくすることが、また雇用の拡大にも貢献できていたのにと思うと、本当に残念です。

当の議員さんも、相当悔しがっている様子でしたが、本当のところはどうなのでしょう。

水内橋は、昭和13年に造られています。私より10年早く生まれています。85年の間には、立派な維新小学校も幼稚園も作られており、大型車も通っているはずですから、実際のところは、誘致の本気度がなかったのかもしれません。

住民の方からは「広瀬橋（水内橋より上流）ができたら、次は水内橋と言われた」「図面はもうできておって、少し南に付く予定です」等の声を聞き、また「広瀬橋ができてもう10年も経つのに」と話す住民の方もいます。何をしているのやらです。

小雨の中の水内橋（昭和13年竣工）

総社市が借金まみれとなり、おまけに特定の３病院に約30億円もの補助金を出し、病院からはさらに「施設整備のプラスα」なる要求がまた出てきそうな雲行きです。病院には、無利子、担保有りで貸し付ける程度であるなら理解できるのですが、こんなことをやっていて、本当に大丈夫でしょうか。
　夕張のような破綻は起きないのかと考えてしまいます。現状の市財政の危うさゆえに、これから先、市民の暮らしに影響が出ないことを祈るばかりです。

　ここまで書くと、夕張のようなことはありえないと笑う人もいるでしょう。しかし見境なく合併特例債を使い、財政破綻寸前まできている自治体が現実に存在することを確認しておきます。
　以下にM&A総合研究所のHPに書かれている「合併特例債とは？対象や問題点から実際の成功・失敗事例まで詳しく解説！」（2024年８月６日更新）の記事をもとに、実際どんなことが起きているかを挙げます。

　合併した多くの市町村が、合併後の自治体財政のシミュレーションが楽観的だと指摘されているようです。
　合併特例債は、国による地方交付税措置の１つで、ほかの地方債と比較すると有利な条件で借入ができるものの、30％は自己負担になる借入です。また使途は「新しい街づくり」に限定されています。
　この地方債の発行が認められた当初から、バブル崩壊後の景気対策の終了で普通建設事業費が縮小する中で、地方交付税の削減に直面した自治体にとって、合併特例債が大規模な公共投資を行う最後の機会として受け止められたそうです。これが市町村合併に拍車をかけました。
　合併特例債の恩恵を受けるために合併が進み、建設事業も促進されます。本来の目的とは離れた使われ方をしているケースも少なくないそう

です。

　地方自治体の失敗事例として、以下の地域が挙げられています。

■兵庫県篠山市（2019年より丹波篠山市）

　平成の大合併をおこなった最初の地方自治体。20億円で葬祭場を建設、80億円でごみ処理施設を建設。ほかにも市民センター、温泉施設、図書館、温水プール、博物館などを次々と建設し、合併特例債の上限まで達します。合併後、税収が増えず、地方交付税の減額も重なって財政危機に陥りました。

■鳥取県鳥取市

　新庁舎を建設する計画を公表するものの、新庁舎が豪華すぎると市民から声が上がり、建設の是非を問う住民投票がおこなわれました。新庁舎の建設は一度否決され、最高裁まで争います。最終的に住民側は敗訴。新庁舎は建設されます。新庁舎の総工費は約97億1,000万円。

■大分県中津市

　16.4億円の一般財源の持ち出しとなり、償還金のトータルは364.9億円に達します。償還期間などを考慮し、163.8億円の一般財源が必要です。また、中津市と4ヵ町村の2000年度末地方債現在高のトータルは372.9億円。増えていく償還金の財源の捻出もあり、地方債を合併後10年間で発行する事業計画により、その借金返済が自治体財政を圧迫します。これにより中津市は、合併特例債は借金とみなしています。

　篠山市は「第2の夕張になりかねない」との声が、市の内外から聞こえてきたそうです。そして市は徹底した業務の見直しを迫られ、職員の

3割削減、給与カット、さまざまな住民サービスの縮小や廃止に追い込まれています。

　篠山市以外でも、人口減少等により税収が減っていき、借金の返済が変わらないままであれば、市職員の給与カットや公民館の閉鎖等の対応は当然起こりえます。

　総社市もあわてて「人口増対策室」を設けていますが、本当に大丈夫でしょうか。

　鳥取市の新市庁舎は平成29年8月の実施設計図を元に令和元年に完成しています。人口は18万人ですから、総社市の2.6倍です。また、合併特例債の借入限度額は544億9,300万円（総社市は171億770万円）で、すべて活用しており、市庁舎整備事業の概要は以下のとおりです。

鳥取市のホームページより

新本庁舎建物概要　　合併特例債借入額95.1億円

主要用途　　庁舎

構造種別　　庁舎棟：鉄筋コンクリート造＋鉄骨造（梁の一部）、市民交流棟：鉄骨造

構造面積　　5,437.01㎡（庁舎棟：3,672.14㎡、市民交流棟：1,764.87㎡）

延べ面積　　22,269.50㎡（庁舎棟：20,120.26㎡、市民交流棟：2,149.24㎡）

階数　　　　庁舎棟：地下1階、地上7階（一部8階機械室）、市民交流棟：地上2階

高さ　　　　35.06m

　事業費は、鳥取市包括外部監査報告では約99億6,000万円が示されています。総社新市庁舎は現在、約107億円で鳥取市の事業費を上回っています。鳥取市が物価高騰の前に着手したとはいえ、人口一人当たりの

第3章　合併特例債を使った事業は投資と言えるのか　　209

事業費で見ると、総社市は鳥取市の3倍となっています。

```
総社市のホームページより
新市庁舎建物概要    合併特例債借入額約55億円
主要用途            市庁舎
工事種別            新築
建築面積            合計4,540.86㎡
延べ面積            合計16,454.77㎡
階数                庁舎棟：地上6階（一部8階）、議会棟：地上4階
高さ                36.71m
```

　この鳥取市の事業に対して「前市長が直前の市長選で市民に問うこともなく、突如市庁舎新築移転を打ち出し、100億円を超える多額の経費投入はもったいないとする市民の声」（市庁舎新築移転を問う市民の会より引用）により、中止を求める住民投票の署名は5万人超に達したと報告されています。最後には最高裁でくつがえされ、住民側の敗訴となっていますが、鳥取市においてもどんな戦略があってこの事業を進めたのか、尋ねてみたいところです。

　この鳥取市の騒動を知ってか知らずか、総社市当局はできるだけ市民に気付かれないようにコッソリと、しかも一部の市民代表者にはやらせ状態でグループワークをさせ、パブコメも無視してやってきたことはすでにお伝えしてきたところです。市長のほか、公平公正に市民のために働くことのできない議員にも問題があります。
　鳥取市民の怒りにも匹敵する我が市の新市庁舎建設事業に対して、皆さんの寛容な姿勢はもう要らないのではないでしょうか。私たちが誇りにしている総社市民の寛容さは、もう終わりにしたほうがよいと思います。

3　近未来の総社をどのように作ろうとしているのか

　これまで見てきた、新市庁舎については多くの問題点を抱えていました。

■新市庁舎建設は基本理念に「災害に強く総社市民を守るたくましい庁舎」を掲げ、新市庁舎がまるでノアの箱舟になるかのような錯覚をして計画を進めています。災害時に、すべての総社市民が入れるわけでもなく「避難場所はいくらでもあるのに」と話す市民もいます。必要以上の耐震設備も無駄金を遣っているとしか言いようがありません。

■狭い敷地ゆえに、タワークレーンを2基も設置してやっとこさ作っている様子は、見た目は晴れやかでも、必要以上のお金を使っているもので感心できません。

■計画当初から騒音対策などは無視して進め、途中で防音対策などといい、見せかけの庇の設計変更をしても、狭い作業ヤードからは騒音はダダ漏れ状態で、近隣住民は1年間の苦痛を強いられることになっています。この騒音だけは、離れている方には想像できないことでしょう。

■合併特例債の交付金は、たったの15.4億円でしかないのに、慌ててトップダウンで取りかかった新市庁舎建設事業は、うまくいくはずがありません。鳥取市庁舎よりも高額になっていること自体が異常です。特定病院への補助金等を半額にすれば、丸っきり15億円が捻出できることになり、交付金に頼らなくても腰を据えて、より多くの市民の声をていねいに聞く姿勢でいたなら、今よりはもっといいものができたはずです。

現在の新市庁舎建設を冷静に見ていくと、ある議員も指摘していたように今の場所ではなくて、別の候補地を探したほうがよかったのではないかと思います。それはこの現庁舎の跡地こそが、総社市の戦略として新たに展開していく可能性を秘めた最適地ではないかと思うからです。

　総社市は、すでに「第2次総社市総合計画・そうじゃ総合戦略」（平成28年3月）を持っているのですから、なぜこの戦略を元にして市中心部のグランドデザインができなかったのか、不思議に思います。

　この戦略のテーマは「全国屈指の福祉文化先駆都市」を目指し、岡山、倉敷に並ぶ総社としようという、大きな志があることが分かります。
　また、サブテーマは「総社市流施策で福祉文化を全国トップレベルにし岡山・倉敷を"質"で超える新しい総社を創造する」としています。これだと、並ぶのではなく一番になるみたいですね。ずいぶん大きく出たものです。花火だと何尺玉になるのでしょう。

　市長のパフォーマンスで、総社市環境基本計画を作っていても、自ら計画は無視してやりたい放題でしたから今回もその手のものに違いありません。

　ただ、このテーマを新市庁舎建設の基本理念にくっつけているので、余計に話がややこしくなってきます。

　新市庁舎が完成し、そこを訪れた際に全国屈指の福祉文化の様相を、驚きを持って見ることができるのかどうかは要注目です。

総社市庁舎建設基本構想の第2章で挙げられている3つの柱の最後には、「全国屈指の福祉文化先駆都市を具現化した総社市民に寄り添う庁舎」とあります。そしてサブテーマの岡山・倉敷を質で超える新市庁舎の機能について、基本構想の中では以下の内容が示されています。

　全国屈指の福祉文化先駆都市を掲げ、福祉王国プログラムにおいてさまざまな施策を展開していくうえで新庁舎にも施策の概念を取り入れ、新庁舎を核とした機能や設備などを検討します。また、案内板、トイレ、階段、廊下などさまざまな箇所にユニバーサルデザインの概念も取り入れ、市民に寄り添う庁舎を目指します。
　さらに、省資源、省エネルギー対策により、ランニングコストの縮減に配慮し、照明、空調システムなど省電力化を図り、環境に配慮した庁舎を目指します。

　私はこの程度のことで岡山・倉敷を凌駕するとはとても思えません。花火で言えば線香花火と言ったら失礼かな。では3寸花火がパラパラ程度でしょうか。
　市民のみんなが福祉文化を享受し「活力のあふれる総社」と胸を張って言えるようにするためには、この市庁舎跡地の「活用」にこそ大きなキーワードがあり、ここで活路を見いだしていくことこそが千載一遇のチャンスであったように思えてなりません。

　市庁舎跡地を活用し、「全国屈指の福祉文化先駆都市」に活路を開いていくために、皆さんは、どんなイメージを持つことができるでしょうか。多くの声を聞き、ワイワイやってみることだけでも、ワクワクとし

て興味が尽きません。

　ひと言で言えば市民が、子どもたちが、お年寄りが、若い親と子が、子育て真っ最中の働くお母さんが、将来に希望を持って学ぶ若者たちが、また障害のある方々も、まずここに来てそれぞれの目的がかなうものを考えていくと、何ができたらいいのかイメージをいっぱいに膨らませていけると思います。

　また、そのイメージの助けとして、岡山・倉敷にはあって、総社にはないものを見ていくと、イメージ作りの助けにもなっていきそうです。どんなものがあるでしょうか。以下に挙げてみます。

ア．児童館・児童センター（岡山市23、倉敷市6、総社市0）
岡山市

> 児童館（児童センター）は、児童に健全な遊びを与えて、その健康を増進し、情操をゆたかにすることを目的としています。児童館では、子どもたちの遊びを通して子どもの創造性、自主性、社会性をはぐくむため、いろいろな活動を行っています。

倉敷市

> 集団的・個別的な遊びの指導、児童の健康・行動についての保護者への連絡、及び子ども会・母親クラブ等の組織活動の育成助長を通して、児童に健全な遊びを与えます。

イ．美術館・博物館

　総社市には美術館も博物館もありません。県下で美術館のあるところは、岡山市、倉敷市、新見市、高梁市、笠岡市、井原市、矢掛町、備前

市、瀬戸内市、津山市、奈義町等。

　総社市には、吉備路の特長を活かした美術館、博物館が作れそうですが、首長は音楽出演に熱心で、この分野に興味や見識がないのであれば、雪舟記念公園程度で止めておくほうがよいかもです。

ウ．ライフパーク倉敷科学センター

　ここには、プラネタリウムも備えています。岡山市には、県生涯学習センターもあり、ここにもプラネタリウムがあります。

エ．全天候型多目的ドーム（岡山ドーム）

　市庁舎跡地に、児童館や学習センターや美術館・博物館をひとまとめに配置するだけで、かなり、福祉・文化の向上に役立つことができるのではないかと想像できます。

　また、喫緊の課題は少子化対策です。このこともしっかりと眼中に入れて、欲をいえば、井原鉄道、伯備線、吉備線の沿線地域の子どもたちが、鉄道を利用して総社に集まってくることもイメージして……。

　この大風呂敷をまとめたプランはどのようなかたちになるでしょうか。皆さんは、どんなイメージが閃いたでしょうか。

　いただけないのは、安直にゲームセンターを作ろうとか、テーマパークがいいとか。チボリでもそうでしたが決してサステナブルではありません。

　そのときどき、時代の背景や流行もあり、いいと思ったアイデアもすぐ下冷えになることもあり、何をしていくのがベストかと考えるとなかなか難しいものです。公民館でやっていることや民間の事業と重ならないようにして、アイデアを集約してみたいところです。私も思いつくままにアイデアを以下に列挙してみます。

ア．子ども自らの学びを深める大学生・研究者との交流の場
イ．子ども自らが未来を見つめる仕事体験
ウ．音楽・ダンス・子ども神楽等の発表の場（ホール）
エ．ハイテク機器に触れ、未来を創造する場～バーチャル体験～
オ．子育て真っ最中のお母さんを支援
カ．お任せまったり保育と母親くつろぎコミュニティスペース
キ．緊急時の24時間保育
ク．保健センターの機能はそのままに健康作り・健診・介護支援
ケ．美術館、博物館を開設　学芸員と制作体験　美術館は市内の作家さんの作品を常設展示
コ．インドアスポーツから室内ドローン競技等まで楽しめる場
サ．広い駐車場（雨天は地下駐車場）で青空市場、のみの市
シ．総社市内（その周辺も含めて）の名所旧跡をバーチャル体験
　　～　観光地巡りへ

　子どもたちや内外の観光客にバーチャルで動機付けをしてもらい、赴くままにスタートです。コンテンツは思いつくままに以下に挙げてみます。

① 作山古墳、造山古墳が作られていく過程　吉備の大王（おおきみ）
② 朝鮮式山城の鬼ノ城の成り立ち　その概観
③ 十二ヶ郷用水井堰を作る妹尾兼康　東西を潤す高梁川の水
④ 雪舟の生い立ち宝福寺　遣明船で中国に学ぶ
　　―強い意志で自らの才能を開花させる　宝福寺の坐禅体験―
⑤ 聖武天皇の命で作られた国分寺・国分尼寺
　　地震に強い五重塔を支える心柱　江戸時代の再建
⑥ 福山城址　八丈岩から吉備平野を眺望
⑦ 桃・ぶどう作り　農業体験

この企画は、家族や小グループの鉄道利用者に便宜が図られるように周辺の整備が必要になります。また、遠足や修学旅行も対応できるようにすれば、観光客数100万人は夢ではないかもしれません。滞在型を目指して、空き家をゲストハウスにしていく取り組みも面白いと思います。

　市庁舎跡地の、前述のア～シまでを丸っきりひっくるめたビックリ箱は、どんなものになってくるか、わくわくドキドキしてきます。
　しかしその箱ができたから、必ず活力が生み出されてくるかどうかは、約束できるものではありません。これを理解し、ゴールまで持って行くあるいは継続し続ける人の力が、そして人材が必要です。SDGsの先駆者が首長なら願ったり叶ったりですが、自己アピールで災害支援ばかりに目を向けているようでは無理でしょう。

　この最終章の最後に、わがまち総社が、また総社市政が少しでもよい方向に向かうことを期待して、先駆ける人の存在がいかに大切なものかを知っていただくため、ふたつの事例を紹介して終わりとします。

第2節　全国屈指の福祉文化先駆都市と言うのなら

1　次の子が産みたくなる　奇跡の「やまなみこども園」

　最初に紹介するのは、熊本市にある「やまなみこども園」です。現在は、2013年（平成25年）に「NPO法人ひかるつめくさ　やまなみこども園」を設立し、山並啓さんが園長を務めています。なお以下の記述は、ネット配信デイリー新潮（2023年11月25日、2023年12月3日）石井光太

氏の取材ならびにやまなみこども園のホームページ等をもとにしてまとめています。

　1976年（昭和51年）に初代園長の山並道枝さんが、古いアパートを改装して開設したものです。当初は認定保育（一斉保育・計画保育）をおこなっていたものの、そこに子育ての限界を感じるようになり、子育ての理想の姿を求めて「大人が教え込むのではなく、自然や音楽や遊びの中で主体性を刺激し、成長を促す保育のやり方」へと変えていきました。

　特色のひとつに、1～2時間かけておこなう「年齢＋1km」というお散歩では、先生自身が好奇心をむき出しにします。小川を通りかかると、先生が率先してジャージのズボンの裾をたくし上げて水に入り、びしょ濡れになってザリガニ捕りを始めます。すると子どもたちの目も一瞬にして変わり、水前寺公園の湧水地に着くやいなや、みんな歓声を上げて服のまま水の中に飛び込んでいきます。着替えは毎日3着分用意しています。

　このような光景について、道枝さんは自らの思いを次のように話しています。

　大人と子どもが一緒になって主体的に全力で何かをしたとき、子どもたちの中に『人生は素晴らしい。生きるに値する世界だ』という気持ちが生まれてきます。これがとても重要なことなんです。幼い頃に当たり前のこととしてそうした気持ちを抱くと、いろんなことを前向きに捉えられるようになるのです」

これについて、取材した石井氏は道枝さんの論点を、以下のとおり明快に補足しています。

　道枝さんの思いは、「基本的自尊感情」を育んでいます。
「基本的自尊感情」は他者との共有体験を積み上げることによって「自分は生きていていい」「ここが自分の居場所なのだ」と自己の存在を肯定的に考えられる感情であり、それに対して「社会的自尊感情」は、スポーツや勉強などでの社会的価値に基づく成功体験を通して得られる感情です。前者が堅固な基盤となり、後者がそこに上乗せされていきます。今の社会は、ともすれば後者ばかりが注目されがちですが、やまなみでは基本的自尊感情を育てることに力を入れていることがよく理解できます。

　また、「リズム表現」や「食」などのほか、先生が子どもたちと同じ目線で体操や料理を楽しみ、一段高いレベルの体験をさせる「ハレの日」という行事を通じて主体性を刺激する保育をおこなっています。キャンプ、発表会などの年間行事では保護者にも参加してもらいます。毎月の誕生日会では、職員が手の込んだ劇やダンスを準備して子どもたちに披露しています。
　これら行事について道枝さんは次のように話しています。

　うちでは、行事が子どもを育てていくと考えています。散歩やリズム表現や給食を通して得られることも素晴らしいですが、そこからさらに成長するには、行事の中で子どもが自分だけではできないことを職員や保護者の力を借りながら実現していくことが必要なのです。高い目標を乗り越えて初めて子どもは、本物の感動や自由を得ることができます。

園がしなければならないのは、そういう舞台を用意することだと思っています。

　園の行事では、子どもと職員と保護者が一体になって、子どもたちの願望を高いレベルに引き上げて実現させる。その積み重ねで、子どもたちの真の成長が促されているのです。園は親の子育てを代わりにやるための場ではなく、保護者が園の活動に参加し、家庭でできないことを共にやることで子どもたちを成長させる場であるべきだと考えて実践しています。

やまなみこども園HPより（下二葉は親子遠足）

　このネット配信のテーマは、『「もう一人産みたくなる」奇跡の保育園「やまなみこども園」』でした。
　写真のとおり、保護者は園との絆や信頼感から子育てが楽しくなり、多産になる傾向があることを指摘しています。日本の合計特殊出生率が

過去最低の1.26（2022〔令和4〕年）を記録する中で、やまなみの保護者は3人4人が当たり前になっており、5人以上の子どもを持っている方もあるそうです。「やまなみと長く関わっていたいから子どもを作りました」と話す保護者も見られます。

　認定子ども園の目的・役割には「共働き世帯の子育て支援」「待機児童を解消」「少子化対策」がありますが、やまなみこども園は認可外であるにもかかわらずここまでやり切っています。素晴らしいのひと言です。そして、人一人の力でここまでやれることを信じて、我が市政に携わっている方々も大いに奮闘していただきたいと願っています。

　私たちは、生活住宅地の中にある新市庁舎屋上の展望台の計画は中止してほしいと訴えてきました。計画当初は、何のコンセプトもなく（シンボルにするという意向はあったようですが）、災害時に役立つ火の見櫓になり、最後は「総社市の街並みを高い場所から見て楽しんでいただきたい」展望台として、何とか折り合いをつけさせています。

　私たちはこのコンセプトにどれだけの意味があるのか、子どもを見くびってはいけないと訴えて、展望台計画の反対をしてきています。ここで紹介したやまなみこども園の、子どもたちの可能性を信じて目いっぱいに保育している様子を見ていただいたら、市当局の手ぬるさが理解できるのではないでしょうか。わがまち総社を誇りに思う子どもたちを育てていくように、大きな方向転換をお願いしたいものです。

　次は、子ども目線に立って、まちを大きく変えていった首長さんの登場です。

第3章　合併特例債を使った事業は投資と言えるのか　　221

2 「福祉・文化」を具現してきた明石市長・泉房穂さん

　今マスコミでも話題の泉房穂さんは、衆議院議員（2003年）の後2011年（平成23年）から2023年（令和5年）まで明石市長を務めました。著書も以下のとおり多数出されています。

『子どもが増えた！　明石市人口増・税収増の自治体経営』（共著）
　（2019年、光文社新書）
『子どものまちのつくり方　明石市の挑戦』（2019年、明石書店）
『政治はケンカだ！　明石市長の12年』（2023年、講談社）
『社会の変え方　日本の政治をあきらめていたすべての人へ』
　（2023年、ライツ社）
『「豊かな日本」は、こう作れ！〝政治のムラ〟の常識を覆す』（共著）
　（2023年、ビジネス社）
『少子化対策したら人も街も幸せになったって本当ですか？』（共著）
　（2023年、KADOKAWA）

　これらの著書の中から、泉さんの首長としての真骨頂を『子どものまちのつくり方　明石市の挑戦』から見ていきます。

　泉さんが市長選に立候補するとき、選挙活動で配布するパンフレットには次のようなことが書かれていました。

　　　　　　　　まちをつくるのは、
　　　　　　　　　　ひと。
　　　　　　　　　これからの

　　　　明石をつくるのは、
　　　　　　今の
　　　　明石の子どもたち。
　　　　子どもたちに借金を
　　　　　残すような
　　　　税金のムダ使いをやめ。
　　　　頑張る子どもたちを
　　　　まち全体で応援する。
　　　　　そんな明石を
　　　　　つくっていきたい。
　　　　それが、明石の
　　　　未来につながると
　　　　　信じている。

　事業費は天井知らずの新市庁舎建設に有頂天になっている我が街の市政に携わっている人に、よくよく味わっていただきたいパンフレットです。

　さて、泉さんは市長になるや、「古い価値判断のまま、前例踏襲で済ませるのは、行政の怠慢でしかない。行政は市民に本当に必要なサービスを確実に提供しなければならない」として「暮らしに特化した施策を展開」していきます。その市政の柱を次の２点におき「人に焦点を当てたソフト施策を重点とする自治体運営」にシフトしていきます。

　「子どもを核としたまちづくり」
　「やさしい社会を明石から」

「困っている人を誰一人置き去りにしない。みんなでみんなを支える持

続可能なまちづくりを目指して、これまでの自治体経営のあり方を大きく変えていった」とも記されています。
　泉市長の真摯な取り組みによって、5つのⅤ字回復が実現されています。詳細は割愛しますので、著書をご覧ください。

　①6年連続の定住人口の増加
　②交流人口の増加
　③出生数の増加
　④税収の増加
　⑤地域経済の向上

では、泉市長は何をもってこのような成果を上げたのでしょうか。著書の中から順不同で拾い上げてみます。まず、子どもに対する施策です。

　㋐子ども食堂を全小学校区28拠点に設置(のち38拠点)有償ボランティア
　㋑里親制度里親100％プロジェクト
　㋒明石市こども総合支援条例
　㋓図書館・あかしこども広場を駅前再開発ビルに設置（図書館は平日は21時まで開館）
　㋔移動図書館（大型車、小型車）、まちなか図書館の整備
　㋕あかし保育絵本士の創設　明石市オリジナルの資格制度
　㋖健康診断時に絵本のプレゼント「ブックスタート（4か月児健診）」「ブックセカンド（3歳6か月児健診）」
　㋗児童相談所の開設
　㋘児童養護施設の新設
　㋙子どもの医療費完全無償化（所得制限なし）
　㋚児童扶養手当の毎月支給のモデル事業

㋛離婚後の子どもの支援
㋜ひとり親家庭の支援
㋝第2子以降の保育料完全無償化
㋞保育士総合サポートセンター　質の高い保育士の確保待遇改善
㋟母子健康手帳の交付時に妊婦さんの全数面接100％化
㋠乳幼児「こどもスマイル100％プロジェクト」子どもの健康状態を直接会って確認
㋡小学校少人数学級の実現30人学級へ
㋢無戸籍者の支援

　泉市長は「本のまちづくり」を実現するために市長になったと公言しています。

　2017年明石駅前の再開発ビルができた際には、市役所の機能の3分の1が移転する予定でしたが、市長は全市民にアンケートで希望を聞き、見直しをする中で、市民の声なき声に応えて新たな市民図書館が作られています。
　図書館からは明石公園が望めます。市民図書館のほか、あかしこども広場（親子交流スペース、大型遊具施設、こども健康センター、あかし子育て支援センター、一時保育ルーム等）も併設し、2階の商業施設には民間の書店も入っています。あかし子育て支援センターにはプレイルームのほか、こども図書室もあります。

　図書館について泉市長は「図書館で大切なことは建物の立派さでも蔵書数の多さでもなく、図書館長や司書をはじめとした図書館員の役割こそが大切で、専門意識を持って利用者の思いに応えられる図書館にしたい」と力説しています。

このほか、移動図書館の拡充化も図っています。また「まちなか図書館」を目指して民間の病院、診療所、銀行、郵便局等にも本を並べてもらう事業を展開しています。民間の書店は市と連携して、図書館の本の返却場所にもなっています。

　さらに、4か月児健診時には、すべての乳児に絵本と読み聞かせ体験をプレゼントする「ブックスタート」を、3歳6か月児健診のときには図書館司書等による絵本相談と絵本をプレゼントする「ブックセカンド」を実施し、ただ本を渡すだけでなく、本を通して親子のふれ合いや愛情を育む心豊かな時間をプレゼントすることを目的としています。

　また、子ども目線で豊かな時間を共に過ごすことのできる人材の確保に当たって、明石市オリジナルの資格制度「あかし保育絵本士」の創設も、泉市長の熱意が伝わってきます。

　このような泉市長の強い思い入れで、まちの至る所に本があり、まさに、まち全体が図書館となって豊かな心を育んでいき「文化の薫り高いまちへと変わっていく」その夢を実現させており、一人の力でここまでやれるのかと感心するばかりです。

　子どもを核としたまちづくりの中で、もうひとつ注目すべきことは、「やさしいまち」を目指す泉市長の心意気がうかがえる取り組みを見ることができます。

　児童相談所や里親の拡充などは、全国に先駆けての取り組みです。その児童相談所は、市民や議会の反対はなく設置できたそうです。議会では、真っ正面から、これがまちのためだという大義を掲げて説明し、賛意を得て実現しています。しかも、その設置場所はJR駅の真ん前の一等地で、まさにまちのシンボルとして作られています。子どもを大切にしようとする泉市長も明石市民にとっても、こんな誇らしいことはないと思われます。

どこかの市庁舎屋上につくるシンボルとは大違いです。この比較だけでも我が市の子どもに対する姿勢が全くなっていないことがよく分かると思います。
　泉市長の発する声は大変印象的です。

　私は、助けられる子どもの命を助けずして、何のために市長をしているのかとの思いを抱いています。他の市長から「なぜ明石は児童相談所をつくるのか」と尋ねられることがありますが、私からすれば「なぜ、児童相談所をつくらないのですか」と聞きたいぐらいです。本当に日本の将来を考え持続可能な社会を目指すなら子どもに真剣に向き合うとともに、行政が率先して最優先で果たすべきなのです。

　子どもにとって、最後まで見捨てない誰かがいる、最後まで愛情を注ぐ人間がいるということは、大きな支えです。たとえ親が見捨てても、明石市だけは見捨てない。たとえ親が愛情を注がなくても、明石市だけは愛情を注ぎ続ける。その愛情が報われずに裏切られることになったとしても、注ぎ続けるというメッセージを伝えることは、きっとその子どもにとって意味があるだろうと本気で思っています。

　弁護士時代のさまざまな経験から胸中を吐露した泉市長の言葉は、大変重いものがあります。わがまちの新市庁舎屋上に作る展望台を、まちのシンボルとして、コンセプトは「子どもたちに町の景観を、移り変わりをみせてあげたい」というものでしたが、子どもたちにどれだけ真剣に対峙しているのか、今一度問い質したいところです。

では、続いて第2の柱「やさしい社会を明石から」では、どのような取り組みができているでしょうか。以下、見ていきます。

㋐全国初の「手話言語・障害者コミュニケーション条例」を制定
㋑障害者配慮条例を制定－全国初の合理的配慮への公的助成制度－

{ 民間施設への筆談ボードの設置
　点字メニュー
　簡易スロープの設置 }　　市内全域へ拡充

㋒全国自治体初の手話フォンを明石駅前に設置
㋓更生支援　誰一人置き去りにしない、みんなでみんなを支える
㋔駅にホームドアを設置
㋕9月を明石市高齢者福祉月間
　75歳以上の認知症検査費用の助成早期支援制度を開始
㋖地域総合支援センターの開設　6拠点
　子ども・障害者・高齢者を共に地域で支援
　拠点化により、地域福祉のあるべき姿を実現
㋗被害者支援・更生支援により、持続可能なまちの発展を目指す

　住民の声を聞きながら、ときには住民の協力を借りながら、やさしいまちづくりに奔走しています。そして、常に市民との対話を重視し、広報紙は月2回の定期として、毎回の特集記事は市長自らがテーマを決めています。泉市長の熱い思いは以下のとおりです。

　まちづくりの理念、真意が明確に伝わり、市民と共有できるよう、本気でメッセージを発信し続けているのです。ですから、一面には市長の

顔や名前でなく、市長の『まちづくりの思い』を込めて届けています。市長から市民への月2回のラブレターなのです。

　以上、市政の柱の2点から主な施策を見てきましたが、そこに至るまでの背景には、次に見る行政改革がなされていたことも、忘れてはいけません。

　①無駄の削減、公共事業の見直し
　②知識経験のある専門性の高い人材を配置
　③保育所の定員枠の拡大、待機児童緊急対策室の設置
　④子ども部門の職員39人（2010年）を103人に増員（2018年）
　⑤年功序列にメスを入れ、人事改革
　⑥専門職を全国から公募し、一般職員として採用
　⑦国や民間企業からの派遣専門職の拡充
　－子ども施策、福祉施策、ソフト施策 etc －

　ここまで書き進めて、私は泉さんの「子どもを核としたまちづくり」の足跡をこの目で確かめてみようと思い立ち、（令和6年）4月18、19日の1泊2日で明石へ出かけることにしました。
　大久保では明石こどもセンター（児童相談所）、西日本こども研修センターあかし、あかし里親センターへ。明石では、あかし市民図書館、あかしこども広場、地域総合支援センター、子ども食堂、市庁舎へ。
　普段履き慣れていない革靴で、足が痛くなるのを堪えながらの行脚となりましたが、子どもを核としたまちづくりをよくぞここまでやり切ったものと深く感銘したところでした。
　商店街の魚の棚では若いころに一度食した明石焼きをそれこそ半世紀ぶりに、懐かしく美味しく舌鼓を打つこともできました。

第3章　合併特例債を使った事業は投資と言えるのか

なお、新しく市長についた丸谷聡子氏は、泉さんの足跡を継承し、市民との対話や交流を大切にして、「市民と共に市民のための明石のまちを創っていく」と所信表明をしています。どこかの市長にも十分味わってほしいものです。

3　わが街・総社の出生率は

　ここまでで、人一人の力が、働きがここまで変えていくのかというところを見てきましたが、わが市についてはどうなのか、今一度振り返ってみようと思います。

　このたびの新市庁舎建設事業をTB議員は、新庁舎建設小委員会において「95億円ぐらいまで上がるということは、それはないと思いますけれども…」と言い、続いて安くなることを期待した発言をしています。
　ところが令和5年末で107億円を超えています。節約する意識もなく（防音シートは指定しないで発注し、近隣住民には多大な迷惑をかけている節約はありましたが）、どこまで膨らんでいくのでしょうか。県庁の内外装を含めた耐震改修工事は157億円であったと聞いていますが、まさかこれに近いところまでいくのでしょうか。

　また令和5年12月13日の総務生活委員会でM議員は、市長の意を汲んでか「病院の施設整備プラスアルファ」を気にした質問をしています。30億円の病院への補助金の上に、さらにまた上乗せするような案件です。無節操極まりない様相を呈しています。

　このような財政の切り崩しについて、Y課長は、以下の答弁をしています。

【令和5年12月13日の総務生活委員会より】

Y課長：今お尋ねのあったLRT、美術博物館、病院のプラスアルファのうち、LRTと病院のプラスアルファは見込んでいない。美術博物館についてはまったくどうなるか見当はつかないが、仮に令和9年度に設計等を見込んだ2億円、そして令和10年度に何らかの動きの8億円というものを盛り込ませていただいての推計である。

それから、7ページの経常収支比率の90％を超えての推移を改善する手法は、一般財源、財源のない単市持ち出しの事業というものをどう見直していくかということになるので、これはもう新しい事業をするときには何か既存の事業と置き換えるスクラップ・アンド・ビルド、我がほうではビルド・アンド・スクラップ、新しいものをつくるときには必ずスクラップをしようというふうに呼んでいるが、これをやっていくしかない。将来に何を残していくかという選択について、議員の皆様ともお知恵をお借りしながら一緒に考えていくことができるならばと思っている。

　今回の新市庁舎建設は、ドサクサに紛れて、上限も決めずに事業を進め、令和6年度の借金は334.9億円にまで膨らんでいます。さらに、市長発想のアドバルーンを上げ続けていけば、これまで立ち上げ、継続してきた事業を潰したり、縮小したりが当然のようになっていきます。まさにビルド・アンド・スクラップです。その一例が街路樹の撤去や公園・図書館の樹木の伐採行為です。傷んだ道路もほったらかしで、市民の暮らしはいよいよ怪しくなっていると言わざるを得ません。

　令和6年2月定例会において、K議員は「第2次総社市環境基本計画から街路樹や公園等の樹木の管理について」の議案に写真パネルを提示

しながら市長に問い質しをしています。K議員が指摘した、公園や図書館の樹木は、剪定ではなく、ここまでやるかと思える伐採状態です。また、中央文化筋においても草ぼうぼうのあり様です。

K議員の質疑答弁は以下のとおりでした。

K議員：市長はこれが適切な維持管理の仕方であると思っているのか。
市長：ちょっとこれは酷い。もう酷いわ。ちょっと切りすぎだ。図書館もどうなるんだと思うので、これはやっぱりちょっと考え直したほうがいいんじゃないかと率直に思う。
K議員：市長は市役所のトップからこれは酷いと他人事のように言われたが、どういうような指示をして、こういうことになったのかお聞きしたい。
市長：……図書館は、ヒメクロイラガの幼虫が発生して、子どもたちに問題が起こり、あのようになっている。樹木がでくの坊のようになっているわけで……。もうちょっとエレガンスに、もうちょっと美しさを維持した方がいいかなと思う。……（管理については）みんなが気持ちよく合意の上でやれるようなことに、やらないといけないと思う。
K議員：今後どのようなコンセプトを持って、公園等の樹木の維持管理をしていくのか。
市長：まず、緑の美しさ、安らぎ、癒しとなる公園に。犯罪、非行抑止、

安全性の担保も考慮しておきたい。住民参加による低コスト化を図っていきたい。意見を聞かせてもらって、住民の声によってどれだけ低コスト化を図って、運営ができていくようにしたい。

　市長の発言で問題なのは、何でも都合よく「子ども」を持ち出せば世間が納得すると思っていることです。展望台の計画も最終のコンセプトは子どもたちに町並みを見せたいというものでした。図書館では、毛虫を退治するための殺虫剤散布のコストカットをして、反対に樹木をカットするという、これがどれだけ恥ずかしいことをしているのか理解できていないようです。
　また、低コスト化を優先しているために、住民の中から出てきた、たった一人の声を最優先して、樹木の伐採につなげていく裏切り行為ともいえる市当局の姿勢は、第2次総社市環境基本計画に示されている施策の「市街地では、公園や広場の緑化を図り緑あふれる景観形成に努める…」こととどうつながるのでしょうか。市政のあり方や、市長の答弁の低コスト化の発言は、間違っているとしか言いようがありません。
　図書館も、図書館長は兼務のままでスペシャリストの司書職員の補充もしなければ、図書館内外の環境整備や充実した図書館活動も図ることはできないままです。これで何が「岡山・倉敷を質で超える新しい総社を創造する」といえるのでしょうか。

　次に、合計特殊出生率から総社市を見ていきます。
　出生率には「出生率」（その都市に生まれた人口1,000人あたりの出生数）と「合計特殊出生率」（15歳〜49歳の女性ひとりあたりの生涯出産人数）の2種類があり、「合計特殊出生率」のほうが、年齢性別を絞り込んでいるために精度が高いとされています。ここでは、「合計特殊出生率」で見ていきます。

直近で、出生数が全国で80万人を切ったとの報道も見られ、我が国も人口減少の一途をたどっています。現状の人口を維持しようとしたら「合計特殊出生率」は2.07を超えた推移が必要と指摘されています。しかし、現在の日本では1.26（令和4年9月15日）となっています。都道府県別で見ると順位は以下のとおりです（データは令和4年）。

　1位　沖縄1.70
　2位　宮崎1.63
　3位　鳥取1.60
　　：
　20位　岡山1.39
　　：
　45位　北海道1.12
　46位　宮城1.09
　47位　東京1.04

　岡山県内の市町村別ランキングは以下のとおりです（令和3年）。

　1位　奈義町1.81
　2位　鏡野町1.78
　3位　美咲町1.74
　4位　勝央町1.71
　5位　早島町1.68
　6位　真庭市1.61
　7位　津山市1.58
　8位　倉敷市1.57
　8位　久米南町1.57
　10位　総社市1.55

11位　矢掛町1.52
12位　里庄町1.51
12位　新庄村1.51
12位　赤磐市1.51
15位　美作市1.50
16位　西粟倉村1.44
17位　備前市1.41
18位　井原市1.40
18位　新見市1.40
18位　浅口市1.40
21位　吉備中央町1.39
21位　岡山市1.39
23位　玉野市1.37
23位　高梁市1.37
25位　瀬戸内市1.36
26位　和気町1.32
27位　笠岡市1.26

　出生率が高い地域の特徴として以下の点に注目している方がいます。

・持ち家率が高い
・地域の結びつきが強く子育てがしやすい
・親の同居率が比較的高い
・雇用が安定している

　そして、子育て支援のための各種ネットワークが強い地域ほど出生率が高いことも指摘しています。また都市部では、独身者が多く出生率は低くなる傾向も見られるようです。

では、総社市の県下10位をどう見たらいいでしょうか。

　人口のパイが大きくなれば出生率の数値も下がり気味の傾向がある中で、これまで見てきた明石市は、人口が約14.7万人で総社市の２倍超ですが、出生率は1.63（兵庫県は1.31）となっています。この高い数値は、すでにお伝えしてきたとおり「子どもを核としたまちづくり」に専心してきたからにほかなりません。

　県下でトップの奈義町はどうでしょうか。人口は、約6,000人ばかりですが、合計特殊出生率は1.81でダントツの高さです。2014年（平成26年）には2.81を示し、「奈義町の奇跡」とまで言われ、マスコミで話題となっています。

　内閣官房が作成した「出生数や出生率の向上に関する事例集（今後のさらなる検討のために）」（平成31年３月）にも13の市町村のひとつに取り上げられています。　事例の見方・考え方は以下のとおりです。

○調査を行ったところ、市町村によって様々な特徴があるものの、基本的には、若い世代（男女）が、安心して結婚し、子どもを産み育てるために、①家庭・子育てと仕事とを「両立」しやすい環境であること、②「経済」的な安定が得られる就業・生活環境であること（※）、がポイントと考えられた。（※）単なる所得の高さだけでなく、必要なときに仕事が得やすい、生活環境との関係で将来の見通しが立てやすい、不安感があまりないといったこと。

○さらに、③その「まち」が多くの人にとって住み続けたい、戻ってきたいと思える魅力や文化・環境、支え合いのコミュニティづくりによる「安心感」を持っていることも重要と考えられた。そこで、本事例集もこれら①②③を柱に整理を行った。

○具体的取り組みは地域によって様々であるが、若い世代の「両立」、「経済」、「まちづくり」等の視点で、各地域でできる取り組みをパッケージ化して、多くの関係者間で共有し、推進することが重要と考えられる。

奈義町の事例詳細については、内閣官房 HP で確認できるので割愛します。

　では奈義町は、どんなマジックで奇跡を起こしたのでしょうか。

　平成の大合併が進んでいる中、奈義町は住民投票により合併をしない選択をしています。しかし人口は徐々に減少し、出生数は1.41まで下がり、このままでは町が消滅してしまうという危機感の中から、独自性の高い子育て支援策を取ることによって、2.81という驚異の数字を持つに至っています。おもに以下のような事業展開がなされています。

・出産祝い金
・不妊治療助成
・妊婦・乳幼児健診
・乳幼児、児童、生徒医療費助成
・やすらぎ福祉年金
・保育料多子軽減
・在宅育児支援手当
・病児、病後児保育
・つどいの広場「ちゅくしんぼ」
・子育てサポート「スマイル」
・高等学校就学支援金
・不育治療助成事業
・ひとり親福祉年金交付事業
・在宅育児支援金交付事業
・奨学育英金
・子育て家庭食育支援事業
・子育て学校教育等支援事業
・軽度発達障害児童支援事業
・自主保育「たけの子」

・おたふくかぜ・インフルエンザ予防接種補助

　また事例集の中では、子育て支援以外でも地域で働きたいニーズを持つ女性や高齢者等に業務の依頼をおこなう「しごとコンビニ」事業の展開や若い世代のＵターンを促す町営住宅の新設等の積極的な取り組みも支えになっていることを紹介しています。

　わが町総社市の第２次総社市総合計画・そうじゃ総合戦略では「岡山・倉敷に並ぶ新都心総社～全国屈指の福祉・文化先駆都市～」を掲げており、市長の口からは、「子育て王国」だの「福祉王国」だのとよく耳にしますが、合計特殊出生率が1.55程度でどうなのかと思ってしまいます。県下でトップになれとは言わないまでも、倉敷、早島を超えてからにしてはどうでしょうか。それまで封印したほうがいいのではないでしょうか。
　令和３年に、人口減少が見られ慌てて「人口増推進室」の看板を掲げ、明石市・奈義町等に倣って対策を始めたのかもしれませんが、図書館の例といい、街路樹・公園等の樹木の例といい、今まさに無駄遣いの象徴となろうとしている新市庁舎建設に子ども騙しの展望台もでき上がろうとしています。

　子育て王国の王は誰でしょうか。福祉王国の王は誰でしょうか。まさか、首長が王様気取りで展望台に上がるつもりでいるのではないと思いますが、そうだとしたら勘違いも甚だしいところです。
　子どもたち、お年寄り、若者も障害のある方も市民皆が主役のまちづくりをしてこそ、出生率も上がっていくのではないでしょうか。「福祉・文化」の言葉遊びで終わらせず、市民のための市民のために市政を真剣に執りおこなうことを訴え、私たち近隣の住宅地には必要のない展望台の計画は中止することを要望して、筆をおくこととします。

井山宝福寺 山門をくぐりて

おわりに

　総務生活委員会による陳情書の協議を傍聴しに出かけ、ビデオをセッティングしていると、私の席の後ろから市の若い職員の「ビデオを撮るんだ」という声が聞こえてきました。隣の女性職員は「いろんな人がいるからなあ」と話しています。思わず振り返ったところでした。
　"いろんな"は普通ではないということでしょうか。私にしてみれば、市長も議員もしっかり普通ではない色が付いているから、再三傍聴に出かけているのですが。

　私の同級生のドクターに市政の話をし、広く市民に訴えようと本を書いていることを伝えると「元気の良いところは認めるが、リスペクトできない」と言われています。
　確かに市の関係者、みんなが一様に、自己のそれぞれの能力において懸命に市民のために働けているのであれば、それはとやかく言えることではありません。しかしこのたびのことは、いやこれまでのことも含めてどこかおかしいと思い、フツフツと正義感も顔を覗かせ、声を発したところでした。
　自問自答を繰り返し、何度となく夢にも見る始末です。

　ここは、『有句無句。如藤倚樹。』（有句無句は藤葛の木によるがごとし）か。野中の一本杉の気概で覚悟を決めて声を上げています。しかし、何ぶん浅学非才の身であれば、文中にて誤解を招き、また意味不明の部分もあろうかと思いますが、何を伝えたいかはお酌み取りいただけるものと思っています。
　この書籍の原稿を校正している最中に、障害のある私の妹は生と死の狭間で大いにがんばってくれていました。そして、校正をちょうど終え

た翌日の未明に75歳の生涯を終えました。

　妹の障害は、4歳の時に大病を煩ったもので、倉敷の大病院でなんとか一命だけは助けられたものでした。しかし、障害が残ったがために、本人も私もそして両親も時に差別的な事実に直面し、困惑したものでした。妹は、以来病院通いばかりの人生となり、晩年には乳ガンの手術を受け、翌日に心肺停止となり、ここでも一命は取り留めたものの、植物状態になってしまいました。術中術後の状況を整理していくと医療過誤も疑われるような案件で、医師からの説明を聞くとあまりにも軽く、70年前に助けられた同じ大病院の面影は何処へ行ったのかと思うばかりです。まさに「木を見て森を見ず」の様相です。悔しい思いをしたであろう妹に代わって、医療の不都合な真実も明らかにしたいと思いながらも、わが市のことを優先して書き上げています。お見苦しいところがありましたらご容赦ください。

　終わりにあたりここでは、後に続く若い人たちの力で、わがまち総社がまっとうな市政を取り戻し、誇りを持って「わがまち」を語ることのできる子どもたちが、市民が育っていくことを心から念じています。

　最後になりましたが、この書籍の上梓にあたり、ご協力をいただいた多くの皆様に心より御礼を申し上げます。

　　　　　　　　　　　　　令和6年11月3日　　　　友杉富治

付　録
陳情書／市議会議員宛配布資料（一部）

[第1回目の陳情書]　　　　　　　　　　　　　　　令和5年5月24日

陳　情　書

総社市議会議長　　　　　様

　　　　　　　　　　　　　　　　　　陳　情　者
　　　　　　　　　　　　　　　　　　　総社市新庁舎建設を見守る会
　　　　　　　　　　　　　　　　　　　発起人　友　杉　富　治

件　名　　新市庁舎屋上展望台計画の見直しと中止に関する陳情書

趣　旨

　新市庁舎建設の計画において，これまで市民への説明会は一度もなく（もちろん広報誌での説明会の案内の掲載もなく），近隣住民への配慮や説明もないまま，新市庁舎建設の計画や設計が進められています。市長は，「市民を一番に考え，市民に寄り添った庁舎にする」「市民が建てた市役所にしていきたい」と発信しているにも関わらず，その対応は相反したものとなっています。特に，市当局は近隣住民に何も知らせないまま，あるいは気づかれないように，高さが9階相当の展望台を造ろうとしていますが，展望台の計画には以下の問題があり中止することを強く要請します。
　なお，庁舎建設小委員会（第14回 R3.6.2）において，議員諸先生方の敬意を払うべき熱い議論をして頂いていることは承知の上で，お願いするものであります。　資料❶開示請求による小委員会の一コマ

陳情理由

（1）近隣住民は，6階建てとなる本庁舎でさえ圧迫感を感じるのに，さらに9階相当の高さの展望台ができれば，高い構造物の上に天守閣か鬼ノ城のような時代遅れの景観を，毎日目にすることになり，常に不快感を抱く生活となります。また不特定多数の他人から我々の生活が覗かれる不安な気持ちも抱かせることになり，毎日がストレスのある生活を強いられることとなります。

（2）鬼ノ城西門の形状によく似た，あるいは天守閣のような展望台が市中心部に造られることは，総社市が永く培ってきた歴史・文化・町並みの景観等ともかけ離れたものであり，『総社市環境基本計画』で示されている内容とも齟齬が見られます。また，『総社市環境保全条例』で示されている目的第1条「市民の生活環境を保全する」「市民の福祉（幸福）の増進に寄与する」立場からみても，展望台の設置は条例違反に該当する案件と考えます。
　　　　　　　　　　　　　　　　　　　資料❷総社市環境基本計画，総社市環境保全条例
　これに関連して，以下の問題点が指摘出来ます。

　ア．　前総務部長の説明では，設計会社に依頼を掛けた際，総社市環境基本計画，総社市環境保全条例は示していないと発言しています。設計会社への丸投げ状態となっています。
　イ．議会，委員会，市民代表者に於いても，この計画と条例については全く触れていない状態で議論を進めており，市民として軽視できない問題です。

（3）当局においては，「展望台は火の見櫓となる！」と時代遅れと時代錯誤の主張をし，展望台有りきで計画を進めています。天守閣か鬼ノ城に似た展望台です。　資料❸鬼ノ城の歴史的位置づけ
　　また，議員さんの中には，展望台について誤った認識の方もいらっしゃり，「展望台が出来たら

瀬戸内海が見える」「水害の際に役立つ」と言った認識は、具体的にどれだけ検証されたでしょうか。残念ながら、設計会社の感覚的な説明だけで納得している様子がうかがえます。
　　　　　　　　　　　　　　　　　　　　　　　　　　　　　　資料❹議員のアンケート

　問題は、設計会社にもあります。環境アセスメントの視点から、具体的な資料を作成し、その上で近隣住民や協議に加わった全ての人の意見を集約する努力がなされていません。
　展望台が出来たらどのように見えるか、ドローンで撮影して資料を作るのは簡単なことですが、それすらやれていない無責任な設計会社に付託をしています。議員さんの中には、展望台の計画について懐疑的な発言をされている方も見られましたが、あと一押しして、住宅側から見える合成のイメージ図等も作らせておけば、(1)や(2)の問題点がより明確になったことと思います。
　　　　　　　　　　　　　　　　　　　　資料❺自作の住宅側から見た新市庁舎の合成イメージ図

(4) 配置計画(全体ゾーニング)や事業手法の決定の際には、「市民への対応」や「近隣住民への圧迫感をあたえる事」についての認識があったにも関わらず、全く近隣住民に対して無頓着、無視した計画で進めており、何のための決定であったのか、疑念が湧いて来ます。今一度、初期の考えに立ち返って、近隣住民に迷惑を掛ける展望台の計画については、中止することを要請します。
　　　　　　　資料❻ 建設基本計画　配置計画(全体ゾーニング)：A案採用、事業手法：従来方式採用

(5) 議員さんの中には、今回の展望台中止の要望について、「民主主義で決めたことなので覆すことは無理」と言った声を数人の方から聞かされましたが、では、決めるまでにどれだけ民意を反映させて来たのでしょうか。(4)において、ある程度近隣住民に負担をかけることは分かっていながら、近隣住民を無視し説明責任も放棄した行為はとても民主主義とは言い難いものです。
　2月定例議会において、市長は説明責任が果たせていなかったと反省の意思表明を示しています。そうであるなら、私たち近隣住民の思いをしっかりと受け止めて頂いて、議員の皆様のお力で展望台の計画は中止の方向に舵切りをして頂くことを強く要請致します。一旦賛成し議決した案件に翻意するのは如何なものとお考えかも知れませんが、「過ちて改めざる是を過ちという」の孔子様の教えもあります。どうかここは勇気を奮い立たせて、お取り組み頂きますようにお願いします。

　工期の遅れについては、市長の答弁通り「善後策を取って、柔軟に対応」すべく、総務省、国土交通省他関係機関に最大限働きかけ、市民を一番に考え、近隣住民にもしっかり寄り添っているという市長の本気度を示すように、議会からも強く要請していくことをお願いします。

(6) 市民代表者のワークショップから　R2.1月～9月までの5回開催
　ワークショップに携わった市民代表者の人選や活動内容について、開示請求で得られた資料を検証する限り、市長が答弁した「市民が建てた市役所にしたい」とは、おおよそ見当違いのものであることが分かります。見せかけの市民参加としています。
　設計会社の1回目のまとめ「そーじゃーなる」では、「高層建築がないことが総社市に利点」の指摘に共鳴していたにも関わらず、最終5回目には「展望台」を取り上げており、我が目を疑うばかりです。しかし、よくよく目を凝らしてみると、展望台の声を発したのは「市長が適当と認めるグループ」からのものであり、最後の所で、市長が言わせたのかと納得です。
　(市民代表者へのアンケートの実施は当局が拒否するため、開示請求の資料から推察するものです。)
　「市民が一番」「市民に寄り添う」「総社愛」等を発する市長は、近隣住民に対して納得のいく決断をすることを要請するものです。市長が蒔いた種は、市長が責任を持って摘み取ったら良いと考えます。
　　　　　　　　　　　　　　　　　　　　　　　　　　　　　　資料❼ ワークショップ考察資料

(7) 市長も当局も、工事終了期限が間に合わなかったら、交付金15億円がおりて来なくなると発言しています。この点については、(5)でも触れたように、政治力で突破して頂きたいと考えます。
　それでも展望台の計画は中止しないというのであれば、市長の思い上がりと関係者、取り巻きの忖度や思い込みをしている人に対峙して、　　市政を諫め、正す時が来たと考えるべきではな

いでしょうか。
　15億円の交付金をあてにして96億円まで事業費を膨らませた罪は重いと考えます。その責任を追及してください。そして，15億円の交付金はあてにしないで，以下の内容を柱にした事業費の縮減を提言してください。負債は変わらないままですが，市民や近隣住民は将来にわたって晴れやかな気持ちで生活することが出来ます。得るものは大変大きなものがあると確信しています。

事業費を縮減する案

❶ 議会場下の2層階分は1層にして，多目的ホール（コンサートホール）は中止し，本庁舎2階に配置予定の社会福祉協議会を持って来る。「全国屈指の福祉文化先駆都市」の再構築を図る。

❷ 本庁舎6階建ては1階分減らし，5階建てとする。全部署が入りきらないのであれば，教育委員会等を清音に配置し，オンライン体制の強化を図る。

❸ 近隣住民に迷惑を掛け，負の遺産となる展望台の計画は中止する。

❹ 高額で，メンテナンス費用の発生する免震構造体は取りやめて，本庁舎も議会場もメンテナンス費用が発生しない制振構造体とする。制振構造体にすれば，地下の活用が可能となり，地下（もしくは半地下）駐車場の設置によって，駐車場の混雑の解消を図る。

❺ 将来を見越して必要なところにはしっかり事業予算を付け，無駄を廃して総事業費縮減に努める。また，合併20周年を記念して，前倒しで完成させるといった意図があるならもっての外です。多くの市民参加で時間をかけて構想を練り，将来にわたって，近隣住民にも負荷をかけない機能的な新市庁舎とする。

　市長の思い上がりを諌める人物がいないことは，我がまち総社にとって不幸としか言いようがありません。議員諸先生方の一致結束したお力添えによって，どうか，おかしな総社にしていかないように，お守りいただきますようによろしくお願い致します。

第2回目の陳情書　　　　　　　　　　　　　　　　　　　　　　　令和5年8月15日

陳　情　書

総社市議会議長　　　　　　　様

陳　情　者
総社市新庁舎建設を見守る会
発起人　友杉富治

件　名　合併特例債事業において，国の決議（衆参両院による付帯決議）並びに県の指導を
　　　　無視した新市庁舎建設事業には問題があり，再度，新庁舎屋上展望台計画の見直しと
　　　　中止を求める陳情書

趣　旨

　合併特例債については，2018年（H30）4.18の延長決定に際して，衆参両議院において付帯決議（4.10）
があり，県市町村課からの指導がなされています。決議文の中には，「住民合意を尊重」（＝住民との
合意形成を促す）の文言が示されています。
　しかし，我が総社市の新市庁舎建設に於いては，「住民合意を尊重」する姿勢は全くなく，何の手立
ても無く，今日に至っています。高い構造物や展望台が出来ることは，近隣住民や市民には全く一度
も説明がなされていません。国の決議や県市町村課の指導を無視してまで行う事業は，暴挙としか言
い様がありません。総社市民として，恥ずかしく思うばかりです。
　15億円の交付金問題についても，我々は以前から提案をし続けていますが，当局は意に介さない状
況にあり，また，市議会まで裏切る行為（総務生活委員会での岡崎議員が間違った発言に関わった当局の説明行
為。）をしています。
　議会におかれましては，以下に詳述する国や県の立場を踏まえて，再度真摯に議論をして頂き，我
々の求める「展望台計画の中止」と「15億円交付金の問題の解決」の両立を誇って頂きたく，ここに
陳情するものです。

陳情理由

1. R5.1.18（水）に総務省自治行政局への問い合わせで，以下の内容を確認しています。

・事業に於いて何らかの事由で適用期限までに完了できない時は，繰越し制度があり，申請すれば1ヵ年
　の延長が可能である。
・決定は該当の自治体の議会で決議が必要となる。
・確認申請書，設計変更の見直し等は，県の方で判断を仰ぐこととなる。

　これらのことから，当局には再三，繰越し制度があることを指摘しても，住民無視の姿勢を取り
続けて，何とか諦めさせようと，それらしい文書の提示をしています。以下の文書（次ページ）は，
　　　課長がまとめたもので，問い質すと，「県のQ&Aを見た」「県市町村課の地方債班　さんに
確認している」というものでした。実際は，財政課の　　課長から聞いたものであることを，7.21
（金）に　　部長が発言しています。

部長にも，このまとめについては問題は無いか確認したところ「問題はありません。」の回答を得ています。いずれにしても，財政課，財産管理課でまとめたものとなり，市当局の見解となりますが，この見解について県の担当者に見て頂いたところ，「意味不明，理解出来ない内容です。直接，課長とやり取りはしていません。」と発言されています。　7.20（木）

> 令和5年6月に工事を止め，変更設計をした場合，5年度予算の6年度への繰越は可能。しかし，工事が9か月間（予定）止まるため，工期は令和7年10月（予定）までの工事となり，6年度の事業分も6年度内に完成できなくなる。よって，合併特例債対象である，令和6年度末完成とならないことから，合併特例債の対象外となる。また，6年度の予算は予算化されていないため，6年度の予算を7年度に繰り越すことはできない。そのため，7年事業分の予算は新たな7年度分予算を計上する必要が生じる。よって，繰越事業には該当しないこととなると考えている。
> 　　　　　　　　　　　　　　　　　　　　　　R5.6.5（月）　　課長より提示

県の方では，繰越し制度があり，そう言う法律はありますと答えられていますが，市当局は，設計変更の考えはないので，県の方に出向いて，指導を仰ぐことも何もやっていない，<u>住民無視の姿勢をとり続けようとしています。</u>　7.24（月）現在。　　課長に質問書を提出
　　　　　　　　　　　　（8.10（木）にやっと回答があり，この文書の最後に紹介）

2. 合併特例債の延長に際して，衆参両院で付帯決議をしています。（H30.4.10）　その決議文の中には，「<u>住民合意を尊重</u>」（＝住民との合意形成を促す）の文言が示されています。　別添資料参照

　しかし，市当局は，県の指導も飛び越え，国の決議も無視した状況を作っています。以下の通りです。

　新市庁舎建設の計画において，これまで市民への説明会は一度もなく（もちろん広報誌での説明会の案内の掲載もなく），近隣住民への配慮や説明もないまま，新市庁舎建設の計画や設計が進められています。市長は，「市民を一番に考え，市民に寄り添った庁舎にする」「市民が建てた市役所にしていきたい」と発信しているにも関わらず，その対応は相反したものとなっています。特に，市当局は近隣住民に何も知らせないまま，あるいは気づかれないように，高さが9階相等（一般的なマンションの12階建て相等）の展望台を造ろうとしています。<u>住民との合意形成は影も形もありません。</u>

　そして，展望台の計画には以下の問題があり，中止することを，6月定例議会でも強く要請しています。以下，6月定例議会での陳情書で示した内容と重なるところがあります。

(1) 近隣住民は，6階建てとなる本庁舎でさえ圧迫感を感じるのに，さらに9階相等（一般的なマンションの12階建て相等）の高さの展望台ができれば，高い構造物の上に天守閣が鬼ノ城のような時代遅れの景観を，毎日目にすることになり，<u>常に不快感を抱く生活</u>となります。また不特定多数の他人から我々の生活が覗かれる不安な気持ちも抱かせることになり，<u>毎日がストレスのある生活を強いられることとなります。</u>

(2) 鬼ノ城西門の形状によく似た，あるいは天守閣のような展望台が市中心部に造られることは，総社市が永く培ってきた歴史・文化・町並みの景観ともかけ離れたものであり，『総社市環境基本計画』で示されている内容とも齟齬が見られます。また，『総社市環境保全条例』で示されている目的第1条「<u>市民の生活環境を保全する</u>」「<u>市民の福祉（幸福）の増進に寄与する</u>」立場からみても，<u>展望台の設置は条例違反に該当する案件と考えます。</u>

これに関連して，以下の問題点が指摘出来ます。
　　ア．前総務部長の説明では，設計会社に依頼を掛けた際，総社市環境基本計画，総社市環境保全条例は示していないと発言しています。設計会社への丸投げ状態となっています。
　　イ．議会，委員会，市民代表者に於いても，この計画と条例については全く触れていない状態で議論を進めており，市民として軽視できない問題です。

(3) 当局においては，「展望台は火の見櫓となる！」と時代遅れと時代錯誤の主張をし，展望台有りきで計画を進めています。天守閣か鬼ノ城に似た展望台です。
　また，議員さんの中には，展望台について誤った認識の方もいらっしゃり，「展望台が出来たら瀬戸内海が見える」「水害の際に役立つ」と言った認識は，具体的にどれだけ検証されたでしょうか。残念ながら，設計会社の感覚的な説明だけで納得している様子がうかがえます。
　問題は，設計会社にもあります。環境アセスメントの視点から，具体的な資料を作成し，その上で近隣住民や協議に加わった全ての人の意見を集約する努力がなされていません。
　展望台が出来たらどのように見えるか，ドローンで撮影して資料を作るのは簡単なことですが，それすらやれていない無責任な設計会社に付託をしています。議員さんの中には，展望台の計画について懐疑的な発言をされている方も見られますが，あと一押しして，住宅側から見える合成のイメージ図等も作らせておけば，(1)や(2)の問題点がより明確になったことと思います。

(4) 配置計画（全体ゾーニング）や事業手法の決定の際には，「市民への対応」や「近隣住民への圧迫感をあたえる事」についての認識があったのか，全く近隣住民に対して無頓着，無視した計画で進めており，何のための決定であったのか，疑念が湧いて来ます。今一度，初期の考えに立ち返って，近隣住民に迷惑を掛ける展望台の計画については，中止することを要請します。

(5) 議員さんの中には，今回の展望台中止の要請について，「民主主義で決めたことなので覆すことは無理」と言った声を数人の方から聞かされていますが，では，決めるまでにどれだけ民意を反映させて来たのでしょうか。(4)において，ある程度近隣住民に負担をかけることは分かっていながら，近隣住民を無視し説明責任をも放棄した行為はとても民主主義とは言い難いものです。
　２月定例議会において，市長は説明責任が果たせていなかったと反省の意思表明を示しています。そうであるなら，私たち近隣住民の思いをしっかりと受け止めて頂いて，議員の皆様のお力で展望台の計画は中止の方向に舵切りをして頂くことを強く要請致します。一旦賛成し議決した案件に翻意するのは如何なものとお考えかも知れませんが，「過ちて改めざる是を過という」の孔子様の教えもあります。どうかここは勇気を奮い立たせて，お取り組み頂きますようにお願いします。

(6) 市民代表者のワークショップから　　R2.1月～9月までの5回開催
　ワークショップに携わった市民代表者の人選や活動内容について，開示請求で得られた資料を検証する限り，市長が答弁した「市民が建てた市役所にしたい」とは，おおよそ見当違いのものであることが分かります。見せかけの市民参加としています。
　設計会社の1回目のまとめ「そーじゃーなる」では，「高層建築がないことが総社市に利点」の指摘に共鳴していたにも関わらず，最終5回目には「展望台」を取り上げており，我が目を疑うばかりです。しかし，よくよく目を凝らしてみると，展望台の声を発したのは「市長が適当と認めるグループ」からのものであり，最後の所で，市長が言わせたのかと納得です。
　（市民代表者へのアンケートの実施は当局が拒否するため，開示請求の資料から推察するものです。）

市民代表者には，単独で聞き取り調査を進めていますが，現在以下の通りの批判的な声を聞き取っています。
・執務が機能的に出来るように，現状の狭い，混雑がどうすれば解消出来るかの方に気持ちが集中していた。しかし，設計会社は，外観にこだわった様子が見受けられ，外よりも内が大事との思いとはかけ離れたものを感じた。
・市役所に来る人は，いろいろな手続きで困っている人が大半の中で，多目的ホールやイートイン，展示場などでワイワイやっている状況が生まれるのは如何なものかと感じた。

- 若者（市長が適当と認めるグループ）は，あれがいいこれがいいのような発言をしていたが，知識や経験は余りにも少なく，眉をひそめる発言も見られ，未経験者の発言を一方的に取り上げるのは如何なものかと思った。—このグループが展望台を提案しています。
- 展望台のイメージ図を見せられた時，こんなことは想像だにしていなかった。市庁舎の屋上に要るものとは思えないもので，私の中で拒絶反応があった。
- 展望台については，要らないという意見もあったが，設計会社は耳を貸さない状況が見られた。市の既定路線は変更しない様子で，声を上げていた人は黙ってしまう様子が見られた。
- 市長のトップダウンのあり方は，現場の創造力を欠き，活力のある市政とはとても期待出来ないところまで来ていると思っている。
- ワークショップと言っても，もう路線が出来ていて，設計会社や市の思い（思惑，意図）を強く感じた。
- 全5回のワークショップの開催の内，コロナ禍で第2回と第3回は5か月近く中断して，この間に設計会社は適当な内容でまとめている印象を受け，問題があるように感じた。

以上，7月末現在

これらの声に対して，議員の皆さんはどうお感じになりますか。当局は，貴重な声を聞き流し，市長が言う「市民が建てた市役所にしたい」とは何だったのか，基本構想から虚偽の発言をして来たことになります。

(7) 市長も当局も，工事終了期限が間に合わなかったら，交付金15億円がおりて来なくなると発言しています。また，当局に洗脳された議員さんもそう信じていることと推察します。
<u>しかし，市当局も議員の皆様も真剣に近隣住民のことを思うのであれば，まず県の方に赴いて，繰越し制度や交付金の確保等について相談すべきでは無いでしょうか。</u>

<u>そして，我々の求める「展望台計画の中止」と「15億円交付金の問題の解決」の両立を諮って頂きたいよう，ベストを尽くして頂きたいと願っています。</u>

当初からからこの先までずっと，近隣住民を無視する姿勢でいるのなら，是はもう，国の決議も県の指導も無かったことにしようとするものに他なりません。

こんなことがあって良いのでしょうか。市長の思い上がりを諌める人物がいないことは，我がふるさと総社にとって不幸としか言いようがありません。議員諸先生方の一致結束したお力添えによって，どうか，おかしな総社にしていかないように，お守りいただきますように宜しくお願い致します。

追記
<u>質問書に対する回答</u> 8.10（木）14:00
- 課長より，明許繰越しができる発言がありました。
- 部長 国の決議，県の指導については，当局は関係ないような口振りで，「議会が民主主義の元で決定したこと」と，まるで議会に責任を泥をかぶせるような発言をしています。
議員の方も，国の付帯決議のご認識はどうだったのでしょうか。

県の方は，付帯決議が無くても，近隣住民に配慮して事業を進めるのは常識の範囲と話されていました。

7.20（木）

第3回目の陳情書　　　　　　　　　　　　　　　　　　　令和5年11月20日

陳　情　書

総社市議会議長　　　　　　　様

　　　　　　　　　　　　　　　　　　　陳　情　者
　　　　　　　　　　　　　　　　　　　　総社市新庁舎建設を見守る会
　　　　　　　　　　　　　　　　　　　　発起人　友　杉　富　治

件　名　　市当局と市議会の馴合い（庁舎建設小委員会，総務生活委員会等で見られた数々の事実）の常態化や特定病院との癒着や不適切な財政支出のあり方は謙虚に改めることを大前提にして、「総社市庁舎実施設計」ができるまでに近隣住民の存在や生活者の声は一切合切無視した状況の中で現在着工を進めている新庁舎屋上展望台の計画は、この外にも多くの問題（以下に詳述）を抱えており、展望台については見直しを図り、中止することを求めます。

趣　旨
　　上述の「近隣住民の存在や生活者の声は一切合切無視しており」について，　市長は2月定例議会に於いて「市民の方に対して特に近隣住民の方々に対する説明不足であった。説明責任を果たすべきであったと反省している。」と答弁しています。ここまで言い切っているのであれば、また、平素から市長は「市民に寄り添っている。市民が一番。市民を愛している総社愛。」を公言しており、市長の意志を汲んでも、議会は展望台計画中止の態度表明をすべきではないでしょうか。

　　また、合併特例債については、2018年（H30）4.18の延長決定に際して、衆参両議院において付帯決議（4.10）があり、県市町村課からの指導がなされています。決議文の中には、「住民合意を尊重」（＝住民との合意形成を促す）の文言が示されています。
　　しかし、我が総社市の新市庁舎建設に於いては、「住民合意を尊重」する姿勢は全くなく、何の手立ても無く、今日に至っています。高い構造物や展望台が出来ることは、近隣住民や市民には全く一度も説明がなされていません。国の決議や県市町村課の指導を無視してまで行う事業は、暴挙としか言い様がありません。総社市民として、恥ずかしく思うばかりです。
　　15億円の交付金問題についても、我々は以前から提案をし続けていますが、当局は意に介さない状況にあり、また、市議会まで裏切る行為（総務生活委員会6月22日での岡崎議員が間違った発言に関わった当局の説明行為。）をしています。
　　議会におかれましては、以下に詳述する国や県の立場を踏まえて、再度真摯に議論をして頂き、我々の求める「展望台計画の中止」と「15億円交付金の問題の解決」の両立を踏って頂きたく、ここに陳情するものです。
　　なお、9月5日の総務生活委員会における当局の説明は詭弁でしかないことを申し添えておきます。
　　また、不採択の発言をした　　　　議員は、当局に市民や近隣住民の立場に立った何らの問い質しもせずに、まさに馴合いの姿勢は「総社市議会議員政治倫理条例」の目的や真意に反する行為であり、異議無しと賛同した他の議員も同罪ではないかと考えます。私たち市民や近隣住民を無視する行為は厳に慎んで頂きたいものです。

　　「特定病院との癒着」については、7月29日付けの各議員さんに宛てた資料p2で「総社市議会議員政治倫理条例」をお示ししたばかりでした。報道によると、この度の案件は、公職選挙法違反に当たるもののようですが、そうであれば、条例の第2条に定められている「…自ら疑惑を解明し、その責任を明らかにしなければならない。」ことになりそうです。仲間内での甘い処置は、許されないものと思います。

「市当局と市議会の馴合いの常態化」や「不適切な財政支出のあり方」については、陳情理由2の(5)で触れることにします。

陳情理由
1. R5.1.18（水）に総務省自治行政局への問い合わせで、以下の内容を確認しています。

> ・事業に於いて何らかの事由で適用期限までに完了できない時は、繰越し制度があり、申請をすれば1カ年の延長が可能である。
> ・決定は該当の自治体の議会で決議が必要となる。
> ・確認申請書、設計変更の見直し等は、県の方で判断を仰ぐこととなる。

これらのことから、当局には再三、繰越し制度があることを指摘しても、住民無視の姿勢を取り続けて、何とか諦めさせようと、それらしい文書の提示をしています。以下の文書は、　　　課長がまとめたもので、問い質すと、「県のQ&Aを見た」「県市町村課の地方債班　　　さんに確認している」というものでした。実際は、財政課　　　課長から聞いたものであることを、7.21（金）に　　　部長が発言しています。ここにおいても　　　課長は不誠実な対応を見ることが出来ます。
部長にも、このまとめについては問題は無いか確認したところ「問題はありません。」の回答を得ています。いずれにしても、財政課、財産管理課でまとめたものとなり、市当局の見解となりますが、この見解について県の担当者に見て頂いたところ、「意味不明、理解出来ない内容です。直接、　　　課長とやり取りはしていません。」と発言されています。　7.20（木）

> 令和5年6月に工事を止め、変更設計をした場合、5年度予算の6年度への繰越は可能。しかし、工事が9か月間（予定）止まるため、工期は令和7年10月（予定）までの工事となり、6年度の事業分も6年度内に完成できなくなる。よって、合併特例債対象である、令和6年度末完成とならないことから、合併特例債の対象外となる。また、6年度の予算は予算化されていないため、6年度の予算を7年度に繰り越すことはできない。そのため、7年度事業分の予算は新たな7年分予算を計上する必要が生じる。よって、繰越事業には該当しないこととなると考えている。
>
> R5.6.5（月）　　　課長より提示

県の方では、繰越し制度があり、そう言う法律はありますと答えられていますが、市当局は、設計変更の考えはないので、県の方に出向いて、指導を仰ぐことも何もやっていない、住民無視の姿勢をとり続けようとしています。　7.24（月）現在。
（8.10（木）にやっと回答があり、この文書の最後に紹介）

2. 合併特例債の延長に際して、衆参両院で付帯決議をしています。（H30.4.10）　　　その決議文の中には、「住民合意を尊重」（＝住民との合意形成を促す）の文言が示されています。
しかし、市当局は、県の指導も飛び越え、国の決議も無視した状況を作っています。以下、問題点について詳述します。

新市庁舎建設の計画において、これまで市民への説明会は一度もなく（もちろん広報紙での説明会の案内の掲載もなく）、近隣住民への配慮や説明もないまま、新市庁舎建設の計画や設計が進められています。市長は、「市民を一番に考え、市民に寄り添った庁舎にする」「市民が建てた市役所にしていきたい」と発信しているにも関わらず、その対応は相反したものとなっています。特に、市当局は近隣住民に何も知らせないまま、あるいは気づかれないように、高さが9階相等（一般的なマンションの12階建て相等）の展望台を造ろうとしています。住民との合意形成は影も形もありません。

そして，展望台の計画には以下の問題があり，中止することを，6月，9月定例議会でも強く要請しています。以下，6月，9月定例議会での陳情書で示した内容と重なるところがあります。

(1) 近隣住民は，6階建てとなる本庁舎でさえ圧迫感を感じるのに，さらに9階相等（一般的なマンションの12階建て相等）の高さの展望台ができれば，高い構造物の上に天守閣か鬼ノ城のような時代遅れの景観を，毎日目にすることになり，常に不快感を抱く生活となります。また不特定多数の他人から我々の生活が覗かれる不安な気持ちも抱かせることになり，<u>毎日がストレスのある生活を強いられることとなります。</u>

(2) 鬼ノ城西門の形状によく似た，あるいは天守閣のような展望台が市中心部に造られることは，総社市が永く培ってきた歴史・文化・町並みの景観等ともかけ離れたものであり，<u>『総社市環境基本計画』で示されている内容とも齟齬が見られます。また，『総社市環境保全条例』で示されている目的第1条「市民の生活環境を保全する」「市民の福祉（幸福）の増進に寄与する」立場からみても，展望台の設置は条例違反に該当する案件と考えます。</u>

これに関連して，以下の問題点が指摘出来ます。

　ア．前総務部長の説明では，設計会社に依頼を掛けた際，総社市環境基本計画，総社市環境保全条例は示していないと発言しています。設計会社への丸投げ状態となっています。

　イ．議会，委員会，市民代表者に於いても，この計画と条例については全く触れていない状態で議論を進めており，市民として軽視できない問題です。

(3) 当局においては，「展望台は火の見櫓となる！」と時代遅れと時代錯誤の主張をし，展望台有りきで計画を進めています。天守閣か鬼ノ城に似た展望台です。

また，議員さんの中には，<u>展望台について誤った認識の方もいらっしゃり，「展望台が出来たら瀬戸内海が見える」「水害の際に役立つ」と言った認識は，具体的にどれだけ検証されたでしょうか。</u>残念ながら，設計会社の感覚的な説明だけで納得している様子がうかがえます。

問題は，設計会社にもあります。環境アセスメントの視点から，具体的な資料を作成し，その上で近隣住民や協議に加わった全ての人の意見を集約する努力がなされていません。

展望台が出来たらどのように見えるか，ドローンで撮影して資料を作るのは簡単なことですが，それすらやれていない無責任な設計会社に付託をしています。<u>議員さんの中には，展望台の計画について懐疑的な発言をされている方も見られましたが，あと一押しして，住宅側から見える合成のイメージ図等も作らせておけば，(1)や(2)の問題点がより明確になったことと思います。</u>

(4) 配置計画（全体ゾーニング）や事業手法の決定の際には，<u>「市民への対応」や「近隣住民への圧迫感をあたえる事」についての認識があったにも関わらず，</u>全く近隣住民に対して無頓着，無視した計画で進めており，何のための決定であったのか，疑念が湧いて来ます。今一度，初期の考えに立ち返って，近隣住民に迷惑を掛ける展望台の計画については，中止することを要請します。

(5) 事業費は，当初50億円程度で考えていたものが，100億円近くに膨らませています。質素にして，機能面重視の庁舎であればよいところを，展望台だの多目的ホールだの目に余る豪華な議会場だのと事業費を膨らませ，肝心の地下（半地下）駐車場による駐車台数の確保には目をつむり，あるいは近くの公園を潰す案を提案してみたりしています。清音の旧庁舎を使い，オンラインで結べば何も全職員を一つの所に置く必要は無いにも関わらず，それを実現すれば一階を低く抑えることも可能であったにも関わらず，1,200〜1,400㎡は要ると言って事業費を膨らませています。
　　当局は，非常電源装置を議会場に降ろして経費削減をして来たとか言っていますが，十分で無いことは明らかです。

また，耐震構造はメンテナンスの必要の無い制振構造体にすれば地下（半地下）駐車場の確保ができるところを，敢えて免震構造体でないとダメだという発想でわざわざ事業費を膨らませ，メンテナンスの経費が発生する耐震構造を選択しています。質素で機能重視を尊重したら，こうは

なっていなかったはずです。事業費を膨らませれば，それだけ地方債（借金）が増えていくことを自覚出来ていたのか大いに疑問視しています。
　<u>市財政課の中期財政見通しにおいても，地方債は今後一層膨らんでいくことや財政調整基金は令和4年度を境に右肩下がりで減少し，令和9年度には必要限度額34億円を割り込むことが予測されています。</u>特定病院への大盤振る舞いも起因しているのでしょうか。議員各位は，このような状況を認識出来ていたのでしょうか。大変疑問に思うところです。
　補正予算の3億円について，第14回庁舎建設小委員会（R3.6.2）では展望台は要らないのではの議論をしておきながら，なし崩しに当局は展望台有りきで事を進めています。第15回庁舎建設小委員会（R3.7.13）では何の反論もせず，当局のいいなりになっています。これが馴合いの実態です。

(6) 議員さんの中には，今回の展望台中止の要望について，「民主主義で決めたことなので覆すことは無理」と言った声を数人の方から聞かされていますが，では，決めるまでにどれだけ民意を反映させて決めたのでしょうか。<u>(4)において，ある程度近隣住民に負担をかけることは分かっていながら，近隣住民を無視し説明責任も放棄した行為はとても民主主義とは言い難いものです。</u>
　2月定例議会において，市長は説明責任が果たせていなかったと反省の意思表明を示しています。そうであるなら，私たち近隣住民の思いをしっかりと受け止めて頂いて，議員の皆様のお力で展望の計画は中止の方向に舵切りをして頂くことを強く要請致します。一旦賛成し議決した案件に翻意するのは如何なものとお考えかも知れませんが，「過ちて改めざる是を過ちという」の孔子様の教えもあります。どうかここは勇気を奮い立たせて，お取り組み頂きますようにお願いします。

(7) 市民代表者のワークショップから　　　R2.1月～9月までの5回開催
　ワークショップに携わった市民代表者の人選や活動内容について，開示請求で得られた資料を検証する限り，市長が答弁した「市民が建てた市役所にしたい」とは，おおよそ見当違いのものであることが分かります。見せかけの市民参加としています。
　　設計会社の1回目のまとめ「そーじゃーなる」では，<u>「高層建築がないことが総社市に利点」</u>の指摘に共鳴していたにも関わらず，最終5回目には<u>「展望台」</u>を取り上げており，我が目を疑うばかりです。しかし，よくよく目を凝らしてみると，<u>展望台の声を発したのは「市長が適当と認めるグループ」からのものであり，最後の所で，市長が言わせたのかと納得です。</u>
　　　　（市民代表者へのアンケートの実施は当局が拒否するため，開示請求の資料から推察するものです。）
<u>市民代表者には，単独で聞き取り調査を進めていますが，現在以下の通りに批判的な声を聞き取っています。</u>

・執務が機能的に出来るように，現状の狭い，混雑がどうすれば解消出来るかの方に気持ちが集中していた。しかし，<u>設計会社は，外観にこだわった様子が見受けられ，外よりも内が大事との思いとはかけ離れたもの</u>を感じた。
・<u>市役所に来る人は，いろいろな手続きを行っている人が大半の中で，</u>多目的ホールやイートイン，展示場などでワイワイやっている状況が生まれるのは如何なものかと感じた。
・若者（市長が適当と認めるグループ）は，あれがいいこれがいいのような発言をしていたが，知識や経験は余りにも少なく，夢をひそめる発言も見られ，未経験者の発言を一方的に取り上げるのは如何なものかと思った。―このグループが展望台を提案しています。
・<u>展望台のイメージ図を見せられた時，こんなことは想像だにしていなかった，市庁舎の屋上に乗るものとは思えなかったので，私の中で拒絶反応が起こる。</u>
・展望台については，要らないという意見もあったが，設計会社は耳を貸さない状況が見られた。<u>市の既定路線は変更しない様子で，声をよげていた人は黙ってしまう様子</u>が見られた。
・市長のトップダウンのあり方は，現場の創造力を欠き，活力ある市政とはとても期待出来ないところまで来ていると思っている。
・ワークショップと言っても，もう路線が出来ていて，設計会社や市の思い（思惑，意図）を強く感じた。
・全5回のワークショップの開催の内，コロナ禍で第2回と第3回は5か月近く中断して，この間に設計会社は適当な内容でまとめている印象を受け，問題があるように感じた。
　　　　　　　　　　　　　　　　　　　　　　　　　　　　　　　　以上，7月末現在

これらの声に対して、議員の皆さんはどうお感じになりますか。当局は、貴重な声を聞き流し、市長が言う「市民が建てた市役所にしたい」とは何だったのか、基本構想から虚偽の発言をして来たことになります。

(8) 市長も当局も、工事終了期限が間に合わなかったら、交付金15億円がおりて来なくなると発言しています。また、当局に洗脳された議員さんもそう信じていることと推察します。
<u>しかし、市当局も議員の皆様も真剣に近隣住民のことを思うのであれば、まず県の方に赴いて、繰越し制度や交付金の確保等について相談すべきでは無いでしょうか。</u>

そして、我々の求める「展望台計画の中止」と「15億円交付金の問題の解決」の両立を謀って頂きたくよう、ベストを尽くして頂きたいと願っています。

━━━━━━━━━━━━━━━━━━━━━━━━━━━

> 当初からからこの先までずっと、近隣住民を無視する姿勢でいるのなら、是はもう、国の決議も県の指導も無かったことにしようとするものに他なりません。

こんなことがあって良いのでしょうか。市長の思い上がりを諫める人物がいないことは、我がふるさと総社にとって不幸としか言いようがありません。
さらに、議員の中には、市長派と言って憚らない者、市長主催の何とか塾に所属していると公言する者、かねてより市長をバックアップしている特定病院と癒着している議員もあり、救いようがない状況にあります。大変困難な状況にありますが、どうか、おかしな総社にしていかないように、宜しくお願い致します。

追記

○ 質問書に対する回答　8.10（木）14:00
  ・　課長より、明許繰越しができる発言がありました。
  ・　部長　国の決議、県の指導については、当局は関係ないような口振りで、「議会が民主主義の元で決定したこと」と、まるで議会に責任を泥をかぶせるような発言をしています。

　　議員の方は、国の付帯決議のご認識はどうだったのでしょうか。

○ 県の方は、付帯決議が無くても、近隣住民に配慮して事業を進めるのは常識の範囲と話されていました。　7.20（木）

○ 再度、「総社市議会議員政治倫理条例」（一部）を添付しておきます。ご参照下さい。
　　　　　　　　　　　　　　　　　　　　（次ページになります）

今一度，自らの置かれた立場を自覚されたい。
<u>6月29日の議会では，展望台計画の見直し中止はの陳情書は不採択となりました。</u>

○総社市議会議員政治倫理条例

平成 26 年 9 月 19 日
条例第 31 号

（目的）
第1条　この条例は，市政が<u>市民の厳粛な信託によるものであること</u>を認識し，その信託に応えるため，総社市議会議員(以下「議員」という。)の政治倫理に関する規律の基本となる事項を定めることにより，議員の政治倫理の意識の向上及び確立に努め，<u>もって健全で民主的な市政の発展に寄与することを目的とする。</u>

（議員及び市民の責務）

第 2 条　議員は，市民全体の代表者として，市政に携わる権能及び責務を深く自覚し，地方自治の本旨に従って，高い倫理性を持ってその使命の達成に努めるとともに，<u>市民に対し自ら進んでその高潔性を明らかにしなければならない。</u>

　今は形だけの民主主義のカッコをつけているだけじゃないですか。　近隣住民の声をなぜ無視するのか。

　市長ベッタリ，当局の言いなりの姿勢は如何なものか。

2　議員は，自ら研さんを積み資質を高めるとともに，<u>市民の信頼に値する倫理性を自覚し，その品位の保持に努めなければならない。</u>

　信頼を損ない，品位品性のかけらも無い有様です。

3　議員は，政治倫理に反する行為として総社市民(以下「市民」という。)の疑惑を招いた場合は，自ら疑惑を解明し，その責任を明らかにしなければならない。

4　市民は，主権者として自らも市政を担い，<u>公共の利益を実現する責任を有することを自覚し，</u>議員に対して，その地位による影響力を不正に行使させるような働きかけを行ってはならない。

（政治倫理基準）

　公共の不利益を訴えているのであって，議員各位は大いに自覚されたい。

第 3 条　議員は，政治資金規正法（昭和 23 年法律第 194 号），公職選挙法（昭和 25 年法律第 100 号），公職にある者等のあっせん行為による利得等の処罰に関する法律（平成 12 年法律第 130 号）等の公職にある者に対して適用される法律その他の関係法令を厳守するとともに，次に掲げる政治倫理基準を遵守しなければならない。
(1)　常に市民全体の利益の実現を目指して行動し，その地位を利用して，いかなる金品も授受しないこと。
(2)　議員及び当該議員を推薦し，又は支持する公職選挙法第 199 条の 5 第 1 項に規定する後援団体に対する政治活動に関する寄附として，政治的又は道義的な批判を受けるおそれのある金品を受けないこと。
(3)～(9)　略

（審査請求）
第 4 条　公職選挙法第 9 条第 2 項の規定により議員の選挙権を有する者（以下「有権者」という。）又は議員は，議員が第 3 条に規定する政治倫理基準に違反していると認められるときは，有権者にあっては，有権者数の 100 分の 1 以上の，議員にあっては，議員定数の 8 分の 1 以上の連署をもって，代表者から，当該議員が政治倫理基準違反の事実を証する書面を添えて，総社市議会議長（以下「議長」という。）に対し審査の請求（以下「審査請求」という。）をすることができる。　以下略

　市民や近隣住民を全く無視したところで，新庁舎建設の議論をし，議決をしたことは，市長(当局)も議会も大変罪の重いことをしています。
　市長は，2月の定例議会で「説明責任が出来ていなかった，反省している。」と発言しています。
　そうであるにも関わらず，近隣住民の「展望台計画の見直し中止」の陳情に対して，形骸的な民主主義を盾に，一旦議会で決めたものは覆さないの姿勢で，陳情に対し「不採択」の議決をしています。このような姿勢は，総社市議会政治倫理条例に照らし合わせても，各委員，各議員の責任はかなり重いものがあります。　許しがたい行為と考えます。

第4回目の陳情書

令和6年2月14日

陳 情 書

総社市議会議長　　　　様

　　　　　　　　　　　　　　　陳 情 者
　　　　　　　　　　　　　　　総社市新庁舎建設を見守る会
　　　　　　　　　　　　　　　発起人　友 杉 富 治

件　名　近隣住民の騒音問題から，5,500万円かかる工法に設計変更の議決をした議会は，SDGsの環境を守る立場から，また，近隣住民，市民全てに公平公正を尊重する立場からも，生活住宅地には望ましくない，問題点も多く抱えている展望台の計画は，中止することを求めます。

趣　旨

　今回の庇の設計変更は，RC工法からハーフPC工法に変えるものでした。RC工法では，型枠材の廃棄問題や近隣住民への騒音問題も発生させ，「環境を守る」市の立場から，ハーフPC工法の変更は，これらの問題を解消することからも大英断であったと評価出来ます。

　総社市は，「第一次総社市環境基本計画」を見直し，SDGsの目標と関連付けて，テーマを「環境を守る，未来へつなぐ，総社を変える」とし，「第二次総社市環境基本計画」(H30年)を策定しています。このテーマの通りに，環境を守る姿勢を新市庁舎建設においても配慮が出来ていることは，大変好ましい限りです。

　しかし，騒音問題と同様に展望台計画も，近隣住民・市民の生活環境に影響を与えるものであり，私たちは，この計画の中止を訴えているものです。また，環境問題だけで無く，歴史的な根拠や背景もなく計画されている展望台は，まさに「総社市の教養が問われる」愚挙としか言えない発想であり，「未来へつなぐ」ものでは決してありません。

　これまで，再三再四，市長にも展望台計画の中止を要請し，議会にも陳情していますが，「一度，議会で決議したものは変えられない」の姿勢で不採択としています。それでも，この度の庇問題では，設計変更の議決がなされています。どう言うことでしょうか。片方は良くて片方はダメという議会の対応には納得の出来ない齟齬があります。騒音と景観と問題は異なりますが，騒音はあと一年もすれば自然消滅します。他方，展望台は出来てしまえば，50年以上，近隣住民の生活環境を変え，ストレスを抱えさせる問題として継続します。基本計画のテーマの，住みよいまちが変わっていくことも示されています。今，行政がやろうとしていることは，果たして正しい事と言えるでしょうか。

　これらの視点に立ち，市民の誰にも平等に，公平公正を遵守して，展望台計画の中止の英断を求めるものです。

陳情理由

　市長はR5年2月定例議会において，展望台計画を中止すれば設計変更を伴い，工期が合併特例債適用期限を過ぎることになり，交付金約15億円が貰えなくなると答弁しています。そんなことはありません。

　私たちは，展望台の計画を中止しても，繰越し制度の活用によって交付金は貰えることを何度もお伝えしています。このことは，県市町村課でも総務省でも確認済みです。また，R6年2月8日にも県

で再確認をしています。
　庇問題と同様に市長，市当局の発議によって，新市庁舎建設事業の明許繰り越しを議決し，その手続きを踏んでいただければ，環境基本計画のテーマ「環境を守る，未来につなぐ，総社を変える」にも繋がって行くものと考えます。これを契機にして，総社市政も変革していくことを強く望みます。

　以下，これまでにお伝えした展望台計画の見直しと中止を求める理由の要点もしっかりお伝えし，議決する際の重要な根拠として頂きたいと思っています。

1．R5.1.18（水）に総務省自治行政局への問い合わせで，以下の内容を確認しています。

　　・事業に於いて何らかの事由で適用期限までに完了できない時は，繰越し制度があり，申請をすれば1カ年の延長が可能である。
　　・決定は該当の自治体の議会で決議が必要となる。
　　・確認申請書，設計変更の見直し等は，県の方で判断を仰ぐこととなる。　　（不要　県で確認）

　これらのことから，当局には再三，繰越し制度があることを指摘しても，住民無視の姿勢を取り続けて，何とか諦めさせようと，それらしい文書の提示をしています。以下の文書は，　　課長がまとめたもので，問い質すと，「県のQ&Aを見た」「県市町村課の地方債班　　さんに確認している」というものでした。実際は，財政課の　　課長から聞いたものであることを，7.21（金）に部長が発言しています。ここにおいても　　課長は不誠実な対応を見ることが出来ません。
　部長にも，このまとめについては問題は無いか確認したところ「問題はありません。」の回答を得ています。いずれにしても，財政課，財産管理課でまとめたものとなり，市当局の見解となりますが，この見解について県の担当者に見て頂いたところ，「意味不明，理解出来ない内容です。直接，　　課長とやり取りはしていません。」と発言されています。　7.20（木）

　　令和5年6月に工事を止め，変更設計をした場合，5年度予算の6年度への繰越は可能。しかし，工事が9ヵ月間（予定）止まるため，工期は令和7年10月（予定）までの工事となり，6年度の事業分も6年度内に完成できなくなる。よって，合併特例債対象である，令和6年度末完成とならないことから，合併特例債の対象外となる。また，6年度の予算は予算化されていないため，6年度の予算を7年度に繰り越すことはできない。そのため，7年事業分の予算は新たな7年度分予算を計上する必要が生じる。よって，繰越事業には該当しないこととなると考えている。
　　　　　　　　　　　　　　　　　　　　　　R5.6.5（月）

　県の方では，繰越し制度があり，そう言う法律はありますと答えられていますが，市当局は，設計変更の考えはないので，県の方に出向いて，指導を仰ぐことも何もやっていない，住民無視の姿勢をとり続けようとしています。　R5.7.24（月）
　　　　　R5.8.10（木）　　回答があり，この文書の最後に紹介

2．合併特例債の延長に際して，衆参両院で付帯決議をしています。（H30.4.10）　その決議文の中には，「住民合意を尊重」（＝住民との合意形成を促す）の文言が示されています。
　しかし，市当局は，県の指導も飛び越え，国の決議も無視した状況を作っています。以下，問題点について詳述します。

━━━

　新市庁舎建設の計画において，これまで市民への説明会は一度もなく（もちろん広報紙での説明会の案内の掲載もなく），近隣住民への配慮や説明もないまま，新市庁舎建設の計画や設計が進められています。市長は，「市民を一番に考え，市民に寄り添った庁舎にする」「市民が建てた市役所にしてい

きたい」と発信しているにも関わらず，その対応は相反したものとなっています。特に，市当局は近隣住民に何も知らせないまま，あるいは気づかれないように，高さが9階相等（一般的なマンションの12階建て相等）の展望台を造ろうとしています。住民との合意形成は影も形もありません。

そして，展望台の計画には以下の問題があり，中止することを，R5年6月，9月，11月定例議会でも強く要請しています。　以下，これまでの陳情書で示した内容と重なるところがあります。

(1) 近隣住民は，6階建てとなる本庁舎でさえ圧迫感を感じるのに，さらに9階相等（一般的なマンションの12階建て相等）の高さの展望台が出来れば，高い構造物の上に天守閣か鬼ノ城西門のような時代遅れの景観を，毎日目にすることになり，常に不快感を抱く生活となります。また不特定多数の他人から我々の生活が覗かれる不安な気持ちも抱かせることになり，毎日がストレスのある生活を強いられることとなります。

(2) 鬼ノ城西門の形状によく似た，あるいは天守閣のような展望台が市中心部に造られることは，総社市が永く培ってきた歴史・文化・町並みの景観等ともかけ離れたものであり，『総社市環境基本計画』で示されている内容とも齟齬が見られます。また，『総社市環境保全条例』で示されている目的第1条「市民の生活環境を保全する」「市民の福祉（幸福）の増進に寄与する」立場からみても，展望台の設置は条例違反に該当する案件と考えます。

これに関連して，以下の問題点が指摘出来ます。

ア．前総務部長の説明では，設計会社に依頼を掛けた際，総社市環境基本計画，総社市環境保全条例は示していないと発言しています。設計会社への丸投げ状態となっています。
イ．議会，委員会，市民代表者においても，この計画と条例者については全く触れていない状態で議論を進めており，あるいは近隣住民の立場に立った議論もなく，市民として軽視できない問題です。

(3) 当局においては，「展望台は火の見櫓となる！」と時代遅れと時代錯誤の主張をし，展望台有りきで計画を進めています。天守閣か鬼ノ城西門に似た展望台です。
また，議員さんの中には，展望台について誤った認識の方もいらっしゃり，「展望台が出来たら瀬戸内海が見える」「水害の際に役立つ」と言った認識は，具体的にどれだけ検証されたでしょうか。残念ながら，設計会社の感覚的な説明だけで納得している様子がうかがえます。
問題は，設計会社にもあります。環境アセスメントの視点から，具体的な資料を作成し，その上で，近隣住民や協議に加わった多くの人の意見を集約する努力がなされていません。
展望台が出来たらどのように見えるか，ドローンで撮影して資料を作るのは簡単なことですが，それすらやれていない無責任な設計会社に付託しています。議員さんの中には，展望台の計画について懐疑的な発言をされている方も見られましたが，あと一押しして，住宅側から見える合成のイメージ図等も作らせておけば，(1)や(2)の問題点がより明瞭になったことと思います。

(4) 配置計画（全体ゾーニング）や事業手法の決定の際には，「市民への対応」や「近隣住民への圧迫感をあたえる事」についての認識があったにも関わらず，展望台の計画については近隣住民に対して無頓着，無視した計画で進めており，何のための決定であったのか，疑念が湧いて来ます。今一度，初期の考えに立ち返って，近隣住民に迷惑を掛ける展望台の計画については，中止することを要請します。

(5) 事業費は，当初50億円～60億円程度で考えていたものが，100億円近くに膨らませています。質素にして，機能面重視の庁舎であればよいところを，展望台だ多目的ホールだの目に余る豪華な議会場だのと事業費を膨らませ，肝心の地下（半地下）駐車場による駐車台数の確保には目にも留めず，あるいは近くの公園を潰す案を提案してみたりしています。清音の旧庁舎を使い，オンラインで結べば何も全職員を一つの所に置く必要は無いにも関わらず，それを実現すれば一層階低く抑えることも可能であったにも関わらず，1,200～1,400 ㎡は要ると言って事業費を膨らま

せています。

　当局は，非常電源装置を議会場に降ろして経費削減をして来たとか言っていますが，十分で無いことは明らかです。

　また，耐震構造はメンテナンスの必要の無い制振構造体にすれば地下（半地下）駐車場の確保ができるところを，敢えて免震構造体でないとダメだという発想でわざわざ事業費を膨らませ，メンテナンスの経費が発生する耐震構造を選択しています。質素で機能重視を尊重したら，こうはなっていなかったはずです。事業費を膨らませれば，それだけ地方債（借金）が増えていくことを自覚出来ていたのか大いに疑問視しています。

　<u>市財政課の中期財政見通しにおいても，地方債は今後一層膨らんでいくことや財政調整基金は令和4年度を境に右肩下がりで減少し，令和9年度には必要限度額34億円を割り込むことが予測されています</u>。特定病院への大盤振る舞いも起因しているのでしょうか。議員各位は，このような状況を認識出来ていたのでしょうか。大変疑問に思うところです。

　補正予算3億円の質疑において，第14回庁舎建設小委員会（R3.6.2）では展望台は要らないのではの議論をしておきながら，当局はなし崩し的に展望台有りきで事を進めています。第15回庁舎建設小委員会（R3.7.13）では，委員は何の反論もせず，当局の言いなりになっています。馴合いが常態化しているのではないでしょうか。

(6) 議員さんの中には，今回の展望台中止の要望について，「民主主義で決めたことなので覆すことは無理」と言った声を数名の議員さんから聞かされていますが，では，決めるまでにどれだけ民意を反映させて来たのでしょうか。<u>(4)において，ある程度近隣住民に負担をかけることは分かっていながら，近隣住民を無視し説明責任も放棄した行為はとても民主主義とは言い難いものです。</u>

　令和5年2月定例議会において，市長は説明責任が果たせていなかったと反省の意思表明をしています。そうであるなら，私たち近隣住民の思いをしっかりと受け止めて頂いて，議員の皆様のお力で展望台の計画は中止の方向に舵切りをして頂くことを強く要請致します。一旦賛成し議決した案件に翻意するのは如何なものかとお考えかも知れませんが，「過ちて改めざる是を過ちという」の孔子様の教えもあります。どうかここは勇気を奮い立たせて，お取り組み頂きますようにお願いします。

(7) 市民代表者のワークショップから　　R2.1月～9月までの5回開催

　ワークショップに携わった市民代表者の人選や活動内容について，開示請求で得られた資料を検証する限り，市長が答弁した「市民が建てた市役所にしたい」とは，おおよそ見当違いのものであることが分かります。見せかけの市民参加としています。

　設計会社の1回目のまとめ「そーじゃーなる」では，「高層建築がないことが総社市に利点」の指摘に共鳴していたにも関わらず，最終5回目には「展望台」を取り上げており，我が目を疑うばかりです。しかし，よくよく目を凝らしてみると，<u>展望台の声を発したのは「市長が適当と認めるグループ」からのものであり，最後の所で，市長が言わせたのかと納得です。</u>

　　　（市民代表者へのアンケートの実施は当局が拒否するため，開示請求の資料から推察するものです。）

　市民代表者には，単独で聞き取り調査を進めていますが，現在以下の通りの批判的な声を聞き取っています。

- 執務が機能的に出来るように，現状の狭い，混雑がどうすれば解消出来るかの方に気持ちが集中していた。しかし，<u>設計会社は，外観にこだわった様子が見受けられ，外よりも内が大事との思いとはかけ離れたものを感じた</u>。
- <u>市役所に来る人は，いろいろな手続きも困っている人が大半の中で，多目的ホールやイートイン，展示場などでワイワイやっている状況が生まれるのは如何なものかと感じた</u>。
- 若者（市長が適当と認めるグループ）は，あれがいいこれがいいのような発言をしていたが，知識や経験は余りにも少なく，眉をひそめる発言も見られ，未経験者の発言を一方的に取り上げるのは如何なものかと思った。　－このグループが展望台を提案しています。

- 展望台のイメージ図を見せられた時、こんなことは想像だにしていなかった。市庁舎の屋上に要るものとは思えないもので、私の中で拒絶反応があった。
- 展望台については、要らないという意見もあったが、設計会社は耳を貸さない状況が見られた。市の既定路線は変更しない様子で、声をあげていた人は黙ってしまう様子が見られた。
- 市長のトップダウンのあり方は、現場の創造力を欠き、活力のある市政とはとても期待出来ないところまで来ていると思っている。
- ワークショップと言っても、もう路線が出来ていて、設計会社や市の思い（思惑、意図）を強く感じた。
- 全5回のワークショップの開催の内、コロナ禍で第2回と第3回は5か月近く中断して、この間に設計会社は適当な内容でまとめている印象を受け、問題があるように感じた。

以上、R5.7 末現在

これらの声に対して、議員の皆さんはどうお感じになりますか。当局は、貴重な声を聞き流し、市長が言う「市民が建てた市役所にしたい」とは何だったのか、基本構想から虚偽の発言をして来たことになります。

(8) 市長も当局も、工事終了期限が間に合わなかったら、交付金 15 億円がおりて来なくなると発言しています。また、当局に洗脳された議員さんもそう信じていることと推察します。
しかし、市当局も議員の皆様も真剣に近隣住民のことを思うのであれば、まず県の方に赴いて、繰越し制度や交付金の確保等について相談すべきでは無いでしょうか。

そして、我々の求める「展望台計画の中止」と「15 億円交付金の問題の解決」の両立をはかって頂きたくよう、ベストを尽くして頂きたいと願っています。

当初からからこの先までずっと、近隣住民を無視する姿勢でいるのなら、是はもう、国の決議も県の指導も無かったことにしようとするものに他なりません。

こんなことがあって良いのでしょうか。市長の思い上がりを諫める人物がいないことは、我がふるさと総社にとって不幸としか言いようがありません。
さらに、議員の中には、市長派と言って憚らない者、市長主催の何とか塾に所属していると公言する者、かねてより市長をバックアップしている特定病院と癒着している議員もあり、救いようがない状況にあります。大変困難な状況にありますが、どうか、おかしな総社にしていかないように、宜しくお願い致します。

3. 庇の設計変更において、市当局の取り組みに疑念を抱かせる問題が発生しています。展望台計画における市当局の姿勢とも繋がっています。現在精査中であり、明らかになり次第後日報告させて頂きます。

追記

○ 質問書に対する回答　R5.8.10（木）14:00
- 課長より、明許繰越しができる発言がありました。
- 部長は、国の決議、県の指導については、当局は関係ないような口振りで、「議会が民主主義の元で決定したこと」と、まるで議会に責任の泥をかぶせるような発言をしています。

○ 県の方は、付帯決議が無くても、近隣住民に配慮して事業を進めるのは常識の範囲と話されていました。　7.20（木）

令和5年8月3日

総社市議会議員各位

総社市新市庁舎建設を見守る会
発起人　友　杉　富　治

　酷暑のみぎり，ご健勝のこととお喜び申し上げます。

　さて，同封の「要望・意見書」ですが，6月定例議会のあとすぐに提出の予定で，あらかた6月末日には出来上がっていました。しかし，市当局への質問とその回答を待って，より慎重に取り扱いたいと思い，提出を控えていたところでした。
　市当局からの回答はまだ得られないので，回答と前後するかも知れませんが，議員の皆様には，この「要望・意見書」を配布させて頂きました。少々内容が張っていますが，最後まで読み切って下さり，忌憚のないご意見をお寄せくださされば有り難いです。

　また，合併特例債の取り組みについては，総社市は171億円を使い切ることにしていますが，かつて財政破綻を起こした夕張市のような問題を抱えている自治体が，全国各地で見られるようになっています。総社市も慌てて，「人口増推進室」を作ったりしていますが，議員の皆さんはどのようにお考えでしょうか。どこかの市のように，職員の給与をカットしたり，公民館を閉鎖して対応するような事態にならないことを願うばかりです。

　6月定例議会で不採択となりました「展望台の計画の見直し，中止の要望」の陳情書は，再度，9月定例議会に提出しますが，それまでに，議員さんには重要なお知らせを再々度提出の予定でいます。どうぞ，真っ当な議員活動をしていただきますように宜しくお願い致します。

　ところで，当方は8月1日より宝福寺の暁天座禅会に通っています。4時半からの受付で，2時間ばかり坐禅と読経と小鍛治元慎和尚の法話があります。広い方丈で坐禅三昧です。天然の冷気が身体を抜けていく中で，本来の自己と向き合う一刻は，何ものにも代えがたい時間となっています。
　和尚の法話は「眼横鼻直（当たり前のことを，ありのまま受け容れること）」「松樹千年の翠」「放下著（すべての執着を捨て去れという意味）」と含蓄のあるお話しが続いていますが，この暁天座禅会は既に80年も続いているそうです。人間形成・人づくりに積極的に関わっている立派な禅寺が，わが総社にあることは，誠に感慨深く誇りに思うところです。
　そう言えば，私が幼稚園児の時に，遠足で宝福寺に来て，水源地のところにある展望台からは，キラキラと水面がひかる高梁川が余りにも綺麗だったことが心に焼き付いており，夢によく出て来ていました。福山の八丈岩からの展望も，総社平野が広がり，国分寺も小さく見えて，何度も何度も遊びに行ったものです。美しいものを見て感動し，誇りに思い，郷土を我が町総社を愛することへと繋がっているように思えてなりません。このような体験をこそしっかり後押しをしてくださり，安易に市庁舎屋上の展望台で事たれりとしてしまうようなことは，ぜひ避けて頂きたいと思います。誰のために櫓を展望台を作ろうとしているのか。何としてでも中止して頂きたいと思います。

　今回の座禅会は，丁度満月と重なり，西に沈む満月が山門に懸かる景色はなんとも言えない風情があります。議員の皆様も自己研鑽に合宿や座禅会などの機会を持たれては如何でしょう。他の自治体からも大いに目を引くこととなりそうです。

令和 5 年 8 月 21 日

総社市議会議員各位

総社市新市庁舎建設を見守る会
発起人　友　杉　富　治

　　　残暑厳しき折り柄，益々ご健勝のこととお喜び申し上げます。

　　当方，宝福寺の暁天座禅会は 5 日間通して参加することが出来，後期高齢者に突入したとは言え，まだまだ元気の手応えを感じたところでした。
　　小鍛治元慎和尚の 4 日目の法話は「三級波高くして，魚龍と化す」でした。これは，黄河の中流にある三段の滝を登り切った魚が，やがて龍となって雲を起こし天に昇ることを表すもので，それは，「ひとつの関門（限界）を突破することにより，自らが新たな境地に至ることが出来ること」の意味となるそうです。ここから『登龍門』の言葉が流布し，日本では「鯉のぼり」の風習の原点になっていると話されました。若い議員の皆さんには，雑魚で終わってしまわないで，しっかりご精進頂いて，やがて龍と化して頂くよう願っているところです。
　　最終日は，方丈が一杯になる参加者があり，加藤勝信大臣も見えて，一緒に坐ることが出来ました。中曽根さんも安倍さんも谷中の全生庵（ぜんしょうあん）で坐っていましたが，やがて加藤大臣も龍（総理大臣）と化す日が来るのでしょうか。楽しみです。
　　最終日の法話は「油断」「正念」で，日々の暮らしの中において，含蓄の多いお話しでありました。最終日は，参加者の熱気に圧倒されたのか，明るくなるといつも 3 ～ 4 回鳴くウシガエルは黙りで，池に飛び跳ねる水の音だけが聞こえてきました。

　　さて，本題に入りますが，今年は少し早めの 9 月定例議会が始まります。私たちは，前回 6 月定例議会で不採択となった案件を再度提出させて頂きました。今回の陳情書は，切り口を変えて合併特例債の事業において，国の付帯決議や県の指導の立場から，新市庁舎建設事業のあり方を検証しています。
　　議員の皆様方には，国や県に対峙する覚悟を持って，ご検討して頂きますように宜しくお願い致します。

　　同封の資料は，7 月 20 日（木）に県の方に出向いて説明したものも含まれています。
　　県の担当者の方からは，貴重なご意見をお聞かせ頂いています。

　なお，7.24（月）に提出した質問書の回答は，8.10（木）にやっと出来ることとなり，そこでは，
　　課長が「明許繰り越し制度は使える」ことを表明していますので，申し添えておきます。

令和5年7月29日

総社市議会議員
　　　　　　様

総社市新庁舎建設を見守る会
発起人　友　杉　富　治

市民から選ばれた議員の貴方には，
正義感，責任感はないのでしょうか。

展望台の計画の見直し，中止を求めます

高い構造物を毎日見るのは，不愉快です
自分の家の前に建てられたら，どう思うのか。

クレーンで吊り下げられているネットが計画の展望台の高さになります。
高さは36m
一般のマンションでは12階建てに相等。

手前は石原北町内会

今一度，自らの置かれた立場を自覚されたい。
<u>6月29日の議会では，展望台計画の見直し中止はの陳情書は不採択となりました。</u>

○総社市議会議員政治倫理条例

平成26年9月19日
条例第31号

（目的）
第1条　この条例は，市政が<u>市民の厳粛な信託によるものであることを認識し，その信託に応えるため</u>，総社市議会議員（以下「議員」という。）の政治倫理に関する規律の基本となる事項を定めることにより，議員の政治倫理の意識の向上及び確立に努め，<u>もって健全で民主的な市政の発展に寄与することを目的</u>とする。

> 今は形だけの民主主義のカッコをつけているだけに終始しています。　近隣住民の声をなぜ無視するのか。

（議員及び市民の責務）
第2条　議員は，市民全体の代表者として，市政に携わる権能及び責務を深く自覚し，地方自治の本旨に従って，高い倫理性を持ってその使命の達成に努めるとともに，<u>市民に対し自ら進んでその高潔性を明らかにしなければならない。</u>

> 市長ベッタリ，当局の言いなりの姿勢は如何なものか。

2　議員は，自ら研さんを積み資質を高めるとともに，<u>市民の信頼に値する倫理性を自覚し，その品位の保持に努めなければならない。</u>

> 信頼を損ない，品位品性のかけらも無い有様です。

3　議員は，政治倫理に反する行為として<u>総社市民</u>（以下「市民」という。）の疑惑を招いた場合は，自ら疑惑を解明し，その責任を明らかにしなければならない。

4　市民は，主権者として自らも市政を担い，<u>公共の利益を実現する責任を有することを自覚し</u>，議員に対して，その地位による影響力を不正に行使させるような働きかけを行ってはならない。

> 公共の不利益を訴えているのであって，議員各位は大いに自覚されたい。

（政治倫理基準）
第3条　議員は，政治資金規正法（昭和23年法律第194号），公職選挙法（昭和25年法律第100号），公職にある者等のあっせん行為による利得等の処罰に関する法律（平成12年法律第130号）等の公職にある者に対して適用される法律その他の関係法令を厳守するとともに，次に掲げる政治倫理基準を遵守しなければならない。
(1)　常に市民全体の利益の実現を目指して行動し，その地位を利用して，いかなる金品も授受しないこと。
(2)～(9)　略

（審査請求）
第4条　公職選挙法第9条第2項の規定により議員の選挙権を有する者（以下「有権者」という。）又は議員は，議員が第3条に規定する政治倫理基準に違反していると認められるときは，有権者にあっては，有権者数の100分の1以上の，議員にあっては，議員定数の8分の1以上の連署をもって，代表者から，当該議員が政治倫理基準違反の事実を証する書面を添えて，総社市議会議長（以下「議長」という。）に対し審査の請求（以下「審査請求」という。）をすることができる。

以下略

　市民や近隣住民を全く無視したところで，新庁舎建設の議論をし，議決をしたことは，市長（当局）も議会も大変罪の重いことをしています。
　市長は，2月の定例議会で「説明責任が出来ていなかった，反省している。」と発言しています。
　そうであるにも関わらず，近隣住民の「展望台計画の見直しと中止」の陳情に対して，形骸的な民主主義を盾に，一旦議会で決めたものは覆さないの姿勢で，「不採択」の議決をしています。このような姿勢は，総社市議会政治倫理条例に照らし合わせても，各委員，各議員の責任はかなり重いものがあります。
　許しがたい行為と考えます。

> この度の市庁舎建設では，当初から近隣住民や市民の声は全く聞けていません。市民代表者23名のワークショップは，当局のやらせで，市民が参加したという事実作りをしただけのもの。私たちは，展望台のような高い構造物が作られることを，決して望んでいません。
> 市長は2月定例議会で，「近隣住民に対して説明不足であった。説明責任を果たすべきであったと反省している。」と答弁しています。反省だけなら，サルでも出来ます。人としてやるべき事をやらなければ，軽蔑されるだけのこと，首長失格ではないか。

議員の皆さんには，間違いだらけの中で，議決に至っていることを指摘した資料提示を6月16日（金）にお届けしています。十分読み切れていない方がいるようなので，再度，間違いの指摘をしておきます。

間違いの一つ目は，民意を全く無視していると言い切ることが出来ます。

当局も議会も，近隣住民に対する意識はかけらも無く計画を進めてきています。そこは，全く出来ていなかったと吐露する議員も見られました。市長もそうでした。

間違いの二つ目は，総社市環境基本計画，総社市環境保全条例を無視していることです。

市長が作った環境基本計画を無視し，条例を作った議会（議員）でさえ条例を反故にしようとしています。許される行為ではありません。これが許されるというのなら，街中で草焼きをしようが何をしようがお構いなしということになります。

間違いの三つ目は，設計会社が必要な資料を全く用意せずに，関係者は空想の世界で展望台を見ています。

総社市民の寛容さがあだになっています。当局も議会も設計業者に丸投げで，なんら疑うことをしていません。言われるがままで，自分の目で確かめる姿勢が欠如しています。

間違いの四つ目は，当局は小委員会の声を全く無視しています。

小委員会の　副委員長の発言は，「誤った歴史認識を植え付けないように」，「将来にわたって総社市の教養が問われる」と総社市の行方を心配しているにも関わらず，当局は，展望台ありきで，若干のデザイン変更と後付けのコンセプトで押し切っています。まず笑われるのは片岡市長ですが，議会も市民も笑われることになります。総社市民としての誇り，矜持は持っていないのでしょうか。
議会（庁舎建設小委員会）は，当局にしっかり訴えており，記録を見れば分かると，責任逃れをするつもりでいませんか。そこは絶対に許さないから，陳情書を提出しています。

間違いの五つ目は，子ども達を見くびっていることです。

子ども達への投資の仕方が根本的に間違っています。飴をしゃぶらせて，こっち向けーと言ってるのと同じで，市長の人間性に問題があります。他にやるべき事はいっぱいあるはずです。なぜ，目をそらすのでしょうか。「子育て王国そうじゃ」の看板は，もう外した方が良いのかも知れません。

> 間違いの六つ目に，歴史認識の欠如も取り上げておきます。

課長は小委員会の中で，庁舎屋上に総社市の歴史を彷彿させるものは何を乗せても良いような発言をしています。展望台を作ろうとする詭弁でしかありません。詭弁で無いというのなら，西側には五重塔を置き，屋上には総社市の古代が分かる特殊器台やら何やら盛りだくさんに並べて，テーマパークのようにしたらよさげです。そのような市庁舎は誰も望んでいません。時代遅れの天守閣か鬼ノ城の西門と思われるような展望台は作るべきではありません。

> 最後に15億円の交付金問題について，これは，市長自らが動いて解消すべきです。種をまいたのは，市長本人です。

首長が動けば，全てが変わっていきます。サルで無いのなら，反省したことを実行に移すべきです。このままの状態で，さらに5期をやることにでもなれば，サルの城になってしまいます。車の両輪であるはずの議員の皆さんは，これまでの過ちも認め勇気を奮って，市長を動かすべきと認識しています。

――
以上の資料の指摘に何処か間違いがあるでしょうか。これまで，議員さんの誰一人として，間違っていると指摘する人はいません。ご意見があるようでしたら，いつでもお声かけください。

私たちは，5月24日，議長に陳情書を提出し，なおかつ，6月16日に全議員に呼び掛けの資料提示をし，<u>私たち近隣住民を助けてくださいとSOSを発信しています。ところが6月22日の総務生活委員会では，何の討論も無く，わずか数分で不採択としてしまいました。</u>

その様子は以下の通りでした。

（　委員長）ただいまから総務生活委員会を開会致します。本日の出席は8名全員であります。
　　これより先の本会議において付託されました案件の審査を行います。
　　まず陳情第2号「新市庁舎屋上展望台計画の見直しと中止に関する陳情書」の審査に入ります。
　　本件について，当局から説明があればご説明願います。
　　　財産管理課長

（財産管理課長）特段にはございません。

（　委員長）特段に無いと言うことですが，委員の皆さん本件について，ご意見があればご発言願います。　　どうでしょう。　　議員

（　議員）えーと，陳情者の方の陳情書に関して，その思いというのは確認させて頂きましたし，後日また追加資料を頂きましたので，この件も確認させていただきました。ただ，私はですね，この陳情書に関しましては，ちょっと不採択ということの意見で，ちょっと述べさせて頂きたいんですけども。まあ，我々今まで，この庁舎の建設に関してですねー，まあ議会もいろいろと議論をして参りました。でまあ，これを差し戻してですねー，また再度，ちょっとこの計画の見直しであるとか中止と言うのをですねー，これを採択するということは，我々が今まで行ってきた議論をですねえある意味否定すると言うことを自分たちで見るということにも繋がるわけで，そういう意味で，陳情書に対して私は不採択と思っています。　　以上です。

（　委員長）他の議員の方，何かございませんでしょうか。　　はい，　　議員

（　議員）ええと，この陳情書もまた追加の資料も拝見をさせて頂きました。ええ，本日のあのえー，当局の方から，財源の内訳の新庁舎建設事業の財源の内訳等も，資料頂戴しまして，また，合併特例債及び繰り越しについての説明を提案者にされたと言うことで拝見をいたしました。ええまあ，すでにあの建設が始まっておりますし，あの特に合併特例債を使わなければ非常にあの持ち出しということも，財政の持ち出しが非常に厳しくなってきております。ええ，また先ほど　　議員の方からも議会の上では十分議論をしてきたと言うことでございますので，ええ，この時点で再度見直しをする議論にはならないと思いますので私は不採択でお願いしたいと思います。以上でございます。

>   （　　委員長）他の方は、どうでございましょうか。　ありませんか。
>   　　　　　　　それでは、不採択の意見が二人の議員からありました。不採択以外のご意見はありませんか。
>   　　　　　　　ではこれより討論に入ります。討論はありませんか。
>   （各議員）　なし　　なし
>   （　　委員長）これを持って討論終結いたします。
>   　　　　　　　これより本件を採決いたします。　本件は不採択すべきであると手続きをすることにご意見はありませんか。
>   （各議員）異議なし
>   （　　委員長）ご異議なしと認めます。
>   　　　　　　　　　　　　　　　　　　　　以下　略

　総務生活委員会は、私たちの呼び掛けに対して、<u>間違いだらけの中での議決に至っていることを指摘されているにも関わらず</u>、誰一人反省することもなく、まるで打合せをしていたかのように案件を不採択にしてしまいました。<u>近隣住民の穏やかに生活する権利などお構いなし</u>です。議員としての資格はあるのでしょうか。

著者プロフィール

友杉　富治（ともすぎ　とみじ）

1948（昭和23）年生まれ。
岡山大学教育学部卒業ののち小学校教員となる。
岡山県在住。
学生時代は禅や少林寺拳法に没頭。道号は方照。
平成13年に児童の健全育成を目指して「そうじゃ水辺の楽校」を立ち上げ、カヌー教室の指導にあたり、現在に至る。趣味の一つにパラグライダーもあり、空中散策を楽しんでいる。

わが街・総社の不都合な真実　〜問題だらけの新市庁舎建設〜

2025年2月15日　初版第1刷発行

著　者　　友杉　富治
発行者　　瓜谷　綱延
発行所　　株式会社文芸社
　　　　　〒160-0022　東京都新宿区新宿1-10-1
　　　　　　　　電話　03-5369-3060（代表）
　　　　　　　　　　　03-5369-2299（販売）

印刷所　　株式会社フクイン

Ⓒ TOMOSUGI Tomiji 2025 Printed in Japan
乱丁本・落丁本はお手数ですが小社販売部宛にお送りください。
送料小社負担にてお取り替えいたします。
本書の一部、あるいは全部を無断で複写・複製・転載・放映、データ配信することは、法律で認められた場合を除き、著作権の侵害となります。
ISBN978-4-286-25997-0